창업가의
브랜딩

브랜드 전략이 곧 사업전략이다

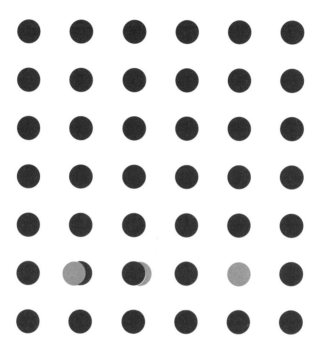

창업가의
브랜딩

우승우·차상우 지음

넥스톤

차 례

스타트업?
스타트 브랜드!

요즘 재미있고 새로운 시도들이 부쩍 많이 눈에 띈다. 새로운 사업을 시작하는 사람들, 새로운 콘텐츠와 물건을 만드는 크리에이터, 새로운 관계와 취향을 만드는 커뮤니티 등이 빠르게 늘고 있다. 과거에는 특별한 사람들만 할 수 있다고 여겨졌던 일들이 훨씬 수월하게 시도되고 있음을 실감한다.

그러나 시도가 늘어나고 수월하다고 해서 그 무게감까지 가벼워진 것은 아니다. 스타트업이나 소규모 커뮤니티라 해서 시도 자체에 만족하거나 현상유지에 안도할 것이라 생각하면 오산이다. 오히려 이들의 움직임은 단순히 개인이나 소수의 취미나 시도에 그치는 것이 아니라 비즈니스의 새로운 형태로, 라이프스타일의 중요한 흐름으로 영향력을 키우고 있다. 대기업이 스타트업들의 활동을 예의 주시하는 이유가 여기에 있다.

나아가 이들에게는 참신한 사업 아이디어 못지않은 필살기(?)가 한 가지 더 있다. 바로 좋은 브랜드를 가지고 있다는 점이다. 내가 스타트업들의 최근 행보에서 눈을 떼지 못하는 이유는 사실 이 때문이다. 나는 천성이 새로운 것, 재미있는 무언가를 기획하고 계획하기를 좋아한다. 불행인지 다행인지 이 나이 먹도록 새롭게 하고 싶은 것투성이고, 그것들을 이루기 위해 계획을 짜고 할 일 목록^{To-do list}을 정리하는 것이 습관이 되어버렸다. 이때 가장 먼저 생각하는 것이 바로 '이번 프로젝트명을 뭐라고 하지?'다. 그 밖에도 '이런 식의 색깔과 느낌의 로고가 있으면 좋겠는데', '이 프로젝트를 시작한 이유를 어떤 스토리로 풀어내면 좋을까?' 같은 고민을 쉬지 않고 한다. 이 모든 고민과 발상과 실행과정을 한마디로 표현한다면? 맞다, '브랜딩'이다. 개인적인 흥미로 시작한 나만의 프로젝트라 할지라도 브랜드를 만들고 이것을 어떤 콘텐츠로 재미있게 풀어낼지에 관한 내용을 먼저 생각하는 것이다.

브랜드 관련 일에 오래 종사하다 보니 자연스레 생긴 직업적 사고방식일 수도 있지만, 사실 누구나 마음속에 나만의 브랜드 하나쯤은 그려보고 있다고 생각한다. 누구에게나 하고 싶은 일, 재미있다고 생각하는 일이 있지 않은가? 그 일이 어떤 형태이고 분위기인지, 어떤 가치를 지닐지 드러내고 인식시키는 일련의 과정이 곧 브랜딩이다. 비록 본인의 행위를 브랜딩이라 스스로 인지하지 못하고 있더라도 말이다.

내가 만난 스타트업들이 바로 그런 경우였다. 시장에서 긍정적인 평가를 받는 스타트업들은 공통점이 있다. 자신만의 색깔을 내는 브랜드를 가지고 있다는 것이다. 본인들은 그것이 브랜딩의 결과물인지 정확하게 알지 못하는 경우도 적지 않았지만, 어찌됐든 많은 사람들 눈에 비친 그들의 브랜드는 강력하다.

길지 않은 시간에, 그들은 어떻게 그처럼 강력한 브랜드를 만들 수 있었을까? 그리고 브랜드는 그들의 사업에 어떤 영향을 미쳤을까? 이는 스타트업에 브랜드 전략이 필요한 이유를 묻는 질문이자, 구체적인 방법론을 묻는 질문이기도 하다.

브랜드에 대한 스타트업 창업가들의 관심이 예전보다 커진 것은 분명하다. 브랜드의 영향이 커지고 있음을 이해하기 때문이기도 하고, 리소스를 쏟아붓는 마케팅을 펼치기 어려우니 '사람들이 알아서 찾아오는' 브랜드로 키워야 한다는 현실적 필요 때문이기도 하다. 그럼에도 브랜드는 여전히 멀리 있고, 관심도 추상적이다. 회사에서 브랜드 전략을 책임지고, 개인적으로도 브랜드를 주제로 강의나 자문, 컨설팅, 커뮤니티 등 다양한 활동을 하고 있는데, 그 과정에서 다양한 스타트업 경영자, 자신의 콘텐츠를 만드는 크리에이터, 공방을 준비하는 예술가 등을 만나보면 하나같이 아쉬워하는 부분이 브랜드다. 본인이 하고 싶은 것에 대한 명확한 방향과 열정 그리고 그것들을 담은 우수한 제품과 서비스를 만드는 것은 자신 있으나, 정작 어떤 브랜드를 붙여야 하는지 어떻게 브랜딩을 해야 하는지 모르겠다는 실질적인 고민이다. 심지어 분명한 브랜드 전략이 필요한 상황인데도 정작 그 중요성을 인지하지 못하고 출발한 이들이 꽤나 많다.

그러다 보니 사람들을 만나면 브랜딩에 관한 질문을 종종 받는다. '좋은 브랜드가 뭔가요?' '브랜드를 어떻게 만드는 거죠?' 뭔가 특별한 비법이 있는 척 복잡한 모델과 정교한 프로세스를 통해 설명하기도 하지만, 궁극적으로 가장 많이 하는 말은 '브랜드는 특별한 게 아니다. 너무 어렵게 생각하지 말라'다. 브랜드의 중요성이나 좋은 브랜드의 파워를 가볍게 여겨서 하는 말은 결코 아니다. 다만 브랜드를 거창하게 여기거나 특별한 사람들만 할 수 있는 것이라 오해하지 말라는 이야기다. 그럼에도 여전히 브랜드 방법론에 목말라하는 분들이 있어서 그에 관한 내용을 정리해보고 싶었고, 그것이 책의 형태면 좋겠다고 오래전부터 생각해왔다. 그러나 한편으로는 이미 시중에 좋은 브랜드 책이 많이 있는데 군이 한 권 더 보탤 필요가 있을까 싶어 미뤄왔던 것도 사실이다.

그러던 중 어느 스타트업의 브랜드를 책임지는 자리에 오게 되었다. 브랜드 컨설팅 회사와 글로벌 기업에서 일하다 스타트업으로 자리를 옮기니 구성원들의 복장이나 업무방식 등 신선한 것투성이였다. 창업자부터 막내직원까지, 기존의 조직문화나 사고방식에서 자유로운 사람들이 모인 곳이 스타트업임을 실감했다. 스타트업의 브랜드가 저마다의 독특함으로 주목받는 것은, 어쩌면 기존 질서에서 벗어난 이들의 사고방식과 실행방식에서 나왔기 때문은 아닐까?

아울러 이를 뒤집어 생각하면, 스타트업은 대기업과 모든 면에서 다르므로 브랜드 전략 또한 대기업의 그것과 달라야 함을 시사한다. 최고 두뇌들로 구성된 전략팀을 따로 운영하는 대기업에서 물량을 동원해 구사할 수 있는 브랜드 전략과, 기획과 제품관리와 마케팅과 물류까지 창업자가 일일이 챙겨야 하는 스타트업의 브랜드 전략이 같아서는 안 된다. 기존에 소개된 브랜드 전략이 큰 조직에 최적화된 이론 중심이었다면, 스타트업과 창업가를 위한 브랜딩에 관해 이야기해보는 것은 의미가 있겠다는 생각이 들었다. 브랜드와 관련한 다양한 경력과 경험을 갖추고 스타트업계에서 실제 하루하루 보내고 있는 두 사람이 쓴다면, 대학교수나 대기업 실무자가 쓴 책보다 한결 쉽게 이해하고 공감하기 쉬울 거라는 생각도 들었다.

좋은 브랜드가 주는 장점은 워낙 많지만 그중에서도 가장 주목해야 할 부분은 '자기가 좋아하는 것을 할 수 있는, 자기 생각을 실행으로 옮길 수 있는 지름길을 제공하는 것'이라고 말하고 싶다. 자신이 좋아하는 것을 널리 알리고, 누군가의 행동을 바꾸고, 세상에 긍정적인 메시지를 던지기 위해서는 브랜드가 반드시 필요하다. 더욱이 지금의 사회적 분위기, 흐름도 무시할 수 없다. 디지털 시대, 고용 및 창업 시장의 변화, 개인화와 취향에 대한 관심 증가 등을 기반으로 개인이 그동안 마음속에만 품고 있던 생각을 실행할 수 있는 기회와 시도가 분명 늘어날 것이다. 이미 현재진행형이기도 하다. 그런 상황에서 빼놓을 수 없는 것이 바로 나만의 브랜드 구축이 아닐까. 새롭고 재미있는 무언가를 시작하려면 브랜드가 필요하다. 즉 스타트업start up을 위해서는 결국 스타트 브랜드start brands가 되어야 한다는 의미다.

이제 나만의 브랜드를 시작하자. 이 책이 그러한 시작을 도울 수 있기를 바란다.

우승우

브랜드라는
산을 오르는 것

'죽을힘을 다해 해발 8848m의 에베레스트 산을 하나 오르는 것 vs. 해발 1947m의 한라산 높이의 산을 5개 오르는 것.'

이 중 어떤 전략이 빠르게 변하는 시대를 살아가는 우리에게 현명한 선택이 될까?

직장생활을 하거나 개인의 전문성을 키우기 위해 노력하다 보면 특정 영역의 전문가가 된다. 전략, 기획, 개발, 브랜드 마케팅, 영업, R&D, 재무, 회계 등 스페셜리스트는 무궁무진하다. 하지만 한 분야의 전문가라 해도 막상 독립하여 사업을 시작하게 되면 부딪히는 고민들이 너무 많다. 마치 죽을힘을 다해 하나 쓰러뜨렸더니 끝도 없이 밀려오는 슈팅게임의 좀비들을 맞닥뜨리는 기분이랄까.

이럴 때 '침착한 대응'만을 주창하는 것은 순진한 이상론理想論이다. 사업을 하기 위해 혹은 사업을 영속하기 위해 반드시 필요한 것이 무엇인지를 놓치지 말아야 한다. 나의 경험으로나 다른 이들의 경험을 토대로 생각해봤을 때 가장 중요한 것은 물론 '수익창출'이다. (요즘은 수익창출의 개념이 예전과 달라져서 매출발생이라는 고전적인 방법에 투자유치라는 임시적 중간단계가 생기긴 했지만, 이 역시 자체적 수익창출을 목적으로 한다고 볼 수 있다.) 수익창출을 하려면 즉 돈을 벌기 위해서는 좋은 품질은 물론, 시장 내 어떤 플레이어보다 '차별적인 제품과 서비스'를 갖춰야 한다는 기본 전제가 필요하다. 남다른 제품과 서비스가 있어야만 수익창출이라는 결승선을 노려볼 위치에 설 수 있는 것이다.

그런데 아이러니하게도 정작 이 기본적인 출발점이 스타트업이나 창업가의 발목을 잡는 족쇄가 되기도 한다.

이를테면 다음과 같은 상황이다. 어렵게 투자를 받아 제품이나 서비스 개발을 마치고 나면 '아, 이제 9부 능선은 넘었구나. 시장에 내놓기만 하면 엄청나게 팔리겠지, 사람들이 몰려올 거야'라고 생각하는 창업자들이 많다. 우리 제품과 서비스가 지닌 차별점과 혜택을 명확하게 설명할수록 자신감도 커져간다. 하지만 불러도 돌아오지 않는 메아리처럼 시장의 반응이 냉랭하다면? 자신감은 빠른 속도로 하락하고, 바로 코앞에 고지가 있으니 1부 능선만 더 가면 된다던 당당한 포부 역시 어느덧 자취를 감춘다.

대체 무엇이 문제였던 것일까? 무엇을 간과한 것일까?

바로 그들이 그토록 믿었던 질 좋은 제품과 서비스가 이제는 굳이 주창할 필요도 없는 너무도 당연한 필수요소가 되었다는 사실이다. 물론 이를 갖추지 못하면 경기의 출발선에도 설 수 없겠지만, 이제는 출발선을 떠나 어떻게 결승선까지 잘 달릴 것인지를 기획 및 개발 단계에서부터 고민해야 한다. 기존 기업이 가진 '인지도'조차 없는 스타트업이기에 더더욱 그렇다.

이 딜레마를 극복하는 가장 유력한 돌파구가 바로 브랜딩이다. 특히 자신의 제품이나 서비스를 개발한 다음에 브랜딩 활동을 하는 것이 아니라, 제품 및 서비스를 제시하는 과정 자체가 고객들의 공감engagement을 얻는 브랜딩 활동이 되어야 한다. 이것이 스타트업의 사업전략과 방향성을 고객에게 전달하는 가장 빠르고 효과적인 행위다. 일단 제품개발에 매진한 후 브랜드를 고민하는 '선 개발, 후 마케팅·판매'는 스타트업 창업자들이 고루하다고 여기는 삼성과 LG 같은 거대조직에서도 취하지 않는 방식이다. 웬만한 기업들은 이미 선행 기획, 선행 마케팅 등의 조직을 통해 제품·서비스 기획 단계부터 브랜드 마케팅 전략을 함께 고민하고, 전략에 따라 제품 및 서비스의 내용을 수정하기도 한다.

같은 파일을 여러 디바이스에서 사용하지 못해 번번이 USB를 꺼내들어야 하는 불편을 해소해보자는 아이디어로 시작된 파일 공유 서비스 드롭박스. 지금이야 누구나 쉽게 사용하는 기술이지만 처음에는 드롭박스의 파일 싱크 개념을 고객은커녕 투자자인 와이콤비네이터조차 이해하지 못해 애를 먹었다. 이 서비스가 지금처럼 확산되기까지는 기술력이 아닌 그들의 서비스를 설명하는 영상이 뜻밖의 열쇠가 되었다. 드롭박스는 서버를 구매하고 개발을 완료해 서비스를 구현한 다음에 고객 및 투자자에게 접근하는 대신, 자사의 서비스를 친절하게 설명하는 영상을 만들어 홍보했다. 이 영상이 배포되고 하루 만에 사용대기자(가입자)가 5000명에서 7만 5000명으로 확산되는 등 바이럴 효과가 엄청났다.

이 홍보영상 하나로 드롭박스는 서비스를 개발하기 전에 자사 제품이 어느 정도의 수익을 창출할 수 있는지 시장성을 테스트하고, 확신을 가지고 개발에 박차를 가할 수 있었다. 단순한 시장의 수요 예측을 넘어 드롭박스라는 브랜드를 알리는 시발점이 되었음은 물론이다.

실제 사용 혹은 테스트 가능한 수준까지 서비스를 개발하기 전에 시장이 존재하는지 검증하기 위해 시연 동영상을 만들어 사람들의 반응을 체크한 그들의 방식은, 기업의 소중한 리소스인 시간과 돈을 효율적으로 쓰려면 사업전략과 브랜드 전략을 처음부터 함께 수립해야 한다는 사실을 잘 보여준다.

비단 드롭박스 같은 세계적 서비스에만 해당하는 이야기일까? 천만의 말씀이다. 브랜드와 관련된 일을 업으로 삼고 있다 보니 창업한 지인이나 고객들이 자신의 제품을 어떻게 알려야 할지 상담하러 오는 경우가 종종 있다. 아이디어의 차별성을 인정받아 투자를 받고 제품도 그럴듯하게 만들어냈는데 막상 알리려고 하니 막막하다는 것이다. 그럴 때마다 서두의 질문, '에베레스트를 오르는 것'의 의미를 떠올린다. 높은 산을 올랐으니, 그것도 가장 높은 산을 정복했으니 끝났다고 생각했는데 이 산이 전부가 아니라는 자각. 결국 창업가에게 필요한 것은 여러 개의 산을 올라야 한다는 현실 자각과, 여러 개의 산을 빠른 시간에 수월하게 오를 수 있는 전략 수립이다. 이 책에서 우리가 말하고자 하는 브랜드의 힘이기도 하다.

거듭 말하지만 브랜드는 사업전략의 근본 목적인 수익창출을 달성하는 데 가장 핵심적 요소인 동시에 고객 접점에서 매출을 이끄는 첨병 역할을 한다. 창업가라면 하나의 높은 산을 오르려다 "이 산이 아닌가 봐!"하며 좌절하는 우를 범하지 않도록, 사업전략을 고객 접점의 언어로 표현하는 핵심자산으로 브랜드를 바라보아야 한다. 그러기 위해서는 무엇보다 평소 사업전략과 브랜드, 나와 브랜드 간의 거리를 좁히는 연습이 필요하다. 이 책이 여러분의 브랜드적 사고를 쌓는 데 작게나마 도움이 되기를 바란다.

차상우

스타트업 브랜드 전략 10

법칙1. 브랜드 전략이 곧 사업전략이다

법칙2.
브랜드 아이덴티티, 자기다움이 핵심이다

법칙3. 비주얼과 디자인으로 이야기하라

법칙4. 스토리와 콘텐츠로 공감을 얻어라

내부

법칙5.
브랜드 전략, 안에서부터 시작하라

법칙6.
사람이 먼저 브랜드가 되어야 한다

외부

법칙7. 타깃을 명확히 하고,
팬을 만들어라

법칙8. 디지털이 당신을 구원해줄 것이다

법칙9. 오프라인에서 고객 경험을 완성하라

법칙10. 작게 시작하고 디테일을 챙겨라

법칙 **1**

브랜드 전략이
곧 사업전략이다

"사업이 먼저인가요?
브랜드가 먼저인가요?"

브랜드가 중요한 세상이다. 일반 기업이나 스타트업뿐 아니라 예비 창업자나 개인들도 브랜드에 관심이 많다. 하지만 그만큼 브랜드에 대한 고민도 적지 않다. 브랜드에 대한 우선순위나 생각이 명확하지 않아서일까, 대부분의 창업가들이 헷갈려한다.

"제품과 서비스를 먼저 만들어야 하나요, 아니면 브랜드를 먼저 만들어야 하나요?"

"좋은 브랜드를 만들려면 무얼 먼저 해야 하나요?"

답하기 쉽지 않은 질문이다.

이런 질문을 받으면 다음과 같은 질문을 해본다. "소비자들이 당신의 제품이나 서비스를 써본 후 어떤 느낌으로 기억하길 바라나요?" "여러분의 제품이나 회사에 대해 어떤 인상을 갖길 원하나요?"

이를테면 사업의 목적이나 방향성을 묻는 질문인데, 의외로 선뜻 답하는 이들이 많지 않다. 혹은 "글쎄요. 써본 사람들이 어떻게 느낄지까지는 모르겠고, 저희 제품이나 서비스가 어떻게 차별화되는지는 설명할 수 있어요"라고 답하는 정도다. 제품이나 서비스에서 오는 감성적인 느낌emotional benefit 보다는 제품과 서비스의 기능적 가치functional benefit를 중점에 둔 대답이다. 하지만 스타트업이든 개인이든 제품과 서비스의 장점을 내세우는 것만으로는 살아남기 어려운 세상이다. 좋은 제품과 서비스는 성공적인 사업과 비전을 이루기 위해 당연히 갖춰야 할 기본적인 조건이지, 성과를 안겨줄 차별화 포인트가 될 수 없다.

'Why me?'라는 말이 있다. 실제 외부에서 투자유치를 하거나 비즈니스 모델을 평가하는 기준에서 빠지지 않는 질문이다. 제품이나 서비스의 좋은 점은 알겠는데, 그것을 왜 당신이나 당신의 회사가 해야 하는지 설명하라는 요구다. 다시 말해 이런 제품이나 서비스는 누구나 언젠가 만들 수 있으므로(물론 시장에 내놓을 수 있는 제품이나 서비스를 만드는 것도 쉽지 않지만) 누가 '어떤 이유'로 만들었는지가 중요하다는 뜻이다. 스타트업이라면 '우리가 이 사업을 시작한 목적은 이것이며, 따라서 우리가 만든 제품이나 서비스는 이런 점에서 다르고, 고객들에게 이러저러한 가치를 제공한다'는 의미로 받아들이면 된다.

이는 제품의 기능적인 혜택을 넘어 감성적인 혜택을 줄 수 있어야 한다는 브랜드적 관점과도 연결된다. 제품과 서비스의 차별성이 실제 소비자들에게 의미 있는 가치 제공과 감성적 혜택으로 전달되지 않는다면, 사업은 물론 브랜드로도 의미 있는 성과라 할 수 없다.

결국 앞의 질문에 답하기 위해서는 사업과 브랜드를 따로 떼어놓고 생각해서는 안 된다. 규모가 큰 기업이라면 사업전략과 브랜드 전략을 별개로 분리해 진행할 수 있겠지만, 이것도 어디까지나 실무적 차원의 역할분담일 뿐 본질은 분리될 수 없다. 더욱이 인력을 비롯해 모든 자원이 부족한 창업가들은 사업과 브랜드를 동시에 염두에 두고 챙겨야 한다. '우리 회사가 왜 이 사업을 하는가?'라는 명제를 완성하기 위해 노력을 다하다 보면 브랜드는 자연스럽게 만들어진다.

마포구 도화동에 가면 한옥 모양의 이층집을 개조한 독특한 카페가 눈에 띈다. 언제나 많은 손님들로 북적이는 이곳은 직접 생두를 고르고 구입하며 한국의 스페셜티 커피 시장을 견인해온 프릳츠커피컴퍼니Fritz Coffee Company의 첫 번째 매장이다. 프릳츠는 서울에 3개의 매장을 운영하고 있는데, 세 곳 모두 여느 프랜차이즈나 대형 카페처럼 입지가 좋지는 않다. 소위 핫플레이스라 불리는 동네에 있는 것도 아니다. 불리한 입지조건에도 이들이 서울에서 가장 인기 있는 카페 중 하나가 된 데에는 브랜드의 힘이 크다. 많은 이들이 '프릳츠' 하면 독특한 폰트와 물개 로고를 떠올린다. 그 밖에 커피잔과 원두

패키지, 노트까지 어느 것 하나 프린츠스럽지 않은 것이 없다.

그러나 정작 김병기 대표는 브랜딩 노하우를 묻는 질문에 "브랜드를 만들기 위해 특별히 한 것이 없다"고 말한다. 오히려 "내부적으로 성실하게 일해 좋은 결과를 만들어가는 모습이 고객들에게 잘 전달될 거라 생각한다. 커피 한 잔이라는 결과물을 훌륭하게 만들기 위해 노력하는 것이 중요하다"라며, 프린츠가 존재하는 이유와 전달하고자 하는 가치를 강조한다.

"커피에는 헤게모니가 존재하고, 서열화가 가능합니다. 스코어링 시스템이에요. 커피를 마셔보면 이건 몇 점짜리 커피라고 말씀드릴 수 있어요. (필자들이) 방금 드신 커피는 88~89점짜리 커피예요. 작황에 따라 90점도 넘을 수 있어요. 서열화가 가능합니다. 저희는 전 세계에서 골라올 수 있는 최선의 원두를 사용합니다. 전 세계에서 손꼽히는 친구들과 경쟁해서 최고의 식재료를 가져옵니다. 하지만 그건 직업윤리의 영역에 한하는 것이지, 경쟁력이 된다고 생각하진 않아요. 다만 최고의 식재료가 없으면 저희가 추구하는 걸 구현하기 어렵겠죠."

프린츠의 사례에서 알 수 있듯, 브랜드가 아닌 사업에 초점을 맞춰도 탄탄한 브랜드를 구축하는 데는 무리가 없다. 그렇다고 제품이나 서비스가 어느 정도 완성된 후에야 어떻게 알리고 팔지를 고민하라는 얘기는 아니다. 앞에서도 이야기했지만 상품기획 초기부터 우리 제품이나 서비스를 사용하는 소비자들에게 어떤 이미지나 가치를 제공할지 정하는 것은 매우 중요하다. 그것이 바로 사업전략의 시작이자 브랜딩의 출발이다.

여행을 계획하는 사람이라면 자연스럽게 항공권과 더불어 검색해보는 에어비앤비. 지금은 191개국 6만 5000개 도시에서 1억 5000만 명 이상이 이용하며 숙박업체의 대명사가 되었지만, 처음부터 비즈니스가 순조로웠던 것은 아니다. 외부 투자를 받기 위해 노력했지만 여의치 않아 개인 신용카드를 돌려막기해가며 생계를 연명해야 했다. 한때 실리콘밸리에서는 끊임없이 투자의 문을 두드리는 에어비앤비의 끈질긴 생명력에 바퀴벌레도 피해 간다는 농담이 나돌 정도였다.

에어비앤비는 집의 거실공간을 빌려주는 아이디어로 시작된 서비스다. 2007년 샌프란시스코에서 열린 대규모 디자인 컨퍼런스에서 숙소를 구하지 못한 3명의 디자이너에게 집을 빌려주고 에어베드^{air bed}와 아침^{breakfast}을 내준 것이 현재 에어비앤비를 만든 모태다. 적극적인 언론 홍보와 창의적인 비즈니스 모델로 성공하는 듯 보였으나 이용자는 늘지 않았고, 당연히 투자를 유치하지도 못했다.

정작 에어비앤비가 투자를 받게 된 계기는 '오바마 오즈'라는 가상의 브랜드 덕분이었다. 사업적 어려움을 타개하기 위해 미국 대선

캡틴 맥케인즈와 오바마 오즈 시리얼박스

민주당 전당대회에서 오바마 후보의 얼굴이 들어간 시리얼을 만들어 개당 2달러에 판매한 것이다. (공화당 버전인 '캡틴 맥케인즈'도 있었다.) 오바마 오즈는 3일 만에 매진됐고 시리얼 박스를 팔아 빚을 갚은 그들은 힘을 내 다시 사업에 도전했다. 이 시리얼 박스는 에어비앤비의 경제적인 어려움을 해결했을 뿐 아니라 와이콤비네이터로부터 투자를 유치하는 데 결정적인 역할을 했다. 시리얼을 판 창업자들의 끈기를 높이 평가한 것이다. 에어비앤비가 전 세계에서 주목받는 스타트업으로 성장한 지금, 과거 시리얼에 얽힌 이야기는 브랜드 핵심가치 중 하나인 '시리얼 창업자가 되자Be a Cereal Entrepreneur'로 남아 시리얼을 팔며 사업을 이어나간 초심을 기억하게 한다.

에어비앤비의 창업자들이 처음부터 '브랜딩'을 염두에 두고 시리얼 박스를 만들어 팔았을까? 사용자 1억 명이 되었을 때 내놓을 '멋진 스토리'를 일부러 준비했을까? 당연히 그렇지 않다. 대선 전당대회에서 시리얼을 팔겠다는 생각은 사업을 이어나가기 위한 생존전략에서 자연스럽게 비롯된 것이다. 현재의 에어비앤비라는 브랜드는 생존과 지속을 위해 하루하루 헤쳐나간 노력들로 이루어진 결과물이다.

다시 한 번 강조하지만 창업가에게 사업과 브랜드는 별개의 것이 아니며, 따로 접근해서도 안 된다. 사업전략은 곧 브랜딩의 과정이며 브랜딩을 강화하는 것이 사업을 완성하는 과정이다.

내가 왜 이 사업을 하는지 꾸준히 말하라

회사에서 새로운 제품이나 서비스를 개발한다고 해보자. 이때 거치는 업무 프로세스는 다음과 같다.

제품/서비스 아이디어를 구상하고, 차별화 요소를 고민하고, 이것이 개발 가능한지 가늠한다. 개발에 들어가면 이름을 짓고 로고 등 디자인 작업이 뒤따른다. 그 후 제품/서비스의 시장성이 있는지 검증하고 실제로 누가 살지 확인한다. 시장 테스트를 거쳐 단점을 보완하고, 타깃에게 알리고, 시장의 반응을 살피고, 다시 개선하는 작업이 반복된다.

자, 이 모든 프로세스 중 과연 어느 것이 사업전략이고 어느 것이 브랜드 전략일까? 우리가 사업을 하는 이유를 보여주는 단계는 무엇이고, 우리 브랜드의 차별화 포인트를 가장 잘 드러내는 활동은 무엇일까? 딱 잘라 구분하기 쉽지 않다. 이들 프로세스 모두 우리 제품과 서비스의 차별점을 부각해 강점은 살리고 단점은 개선하는, 궁극적으로 더 많은 사람들이 사용하게 하기 위한 활동으로 보인다.

다만 잊지 말아야 할 것은 우리가 이 일을 해야 하는 목적과 실행, 그에 따라 고객이 얻게 될 가치와 감정이 일치해야 한다는 것이다.

이를 충실하게 이행하는 브랜드 중 하나가 모바일커머스 브랜드 '29CM'이다. 의류부터 디지털 제품까지 다양한 영역을 다루는 29CM는 평범한 쇼핑몰이 아닌, 소비자들의 감성을 자극하는 온라인 라이프스타일 편집숍이다. 29CM가 추구하는 가치, 즉 사업목표는 누가 봐도 값싸고 질 좋은 물건을 많이 파는 것과는 거리가 멀다. 사람들이 29CM에 기대하는 것은 새로운 물건을 통한 새로운 경험에 가깝다. 그렇기에 29CM에서 소개하는 제품들은 이미 잘 알려진 브랜드보다는 사람들이 잘 알지 못하지만 명확한 색깔을 가진 독창적이며 잠재력 있는 브랜드가 대부분이다. 29CM가 제품을 소개하는 방식 역시 그들의 브랜드 철학인 'Guide to Better Choice'에서 출발한 것이다. 즉 제품 기능 위주의 설명에 그치지 않고 브랜드에 대한 콘텐츠와 스토리를 전달하여 고객들의 감성적인 가치에 초점을 맞추고 있다.

아이가 매일 타는 차, 미세먼지에 안전한가요?

세 살머리 아이를 키우는 엄마다 보니 여러모로 아이를 우선하지 않을 수 없습니다. 다니는 어린이집이 집과 좀 멀어서 꼭 등하원은 엄마의 제가 직접 차로 하는데요. 요즘 미세먼지가 너무 신경 쓰이는 거예요. 참에에 공기청정기 빵빵하게 틀어놓지만 차에선 달리 방도가 없으니 공기 순환 버튼 누르는 게 다랍습니다 근데 얼마 전차에 놓을 수 있는 공기청정기가 있단 사실을 알았어요 딱 텀블러만한 사이즈라 차 내부 어디든 간편하게 수납할 수 있고요. 자동차 시거책에 꽂아서 충전할 수 있어요. 바이러스는 물론 초미세먼지와 각종 세균 및 박테리아 등을 제거해 답해생활 등 생활 냄새도 현저히 감소시킵니다. 차 안에 있다고 안전한 시대는 지났습니다.

[클레어 공기청정기]
클레어 공기청정기 B(clair - B1BU0533)
[40%] 82,800won   ♡ 299

무로배송
클레어 휴대용 공기청정기 B1BU0533-
KS(블랙) / B1BU0533-WS(화이트),
B1BU0533-WS(화이트)]

138,000원
모레(목) 11/2 도착 예정

★★★★★ (1)

29CM와 쿠팡이 휴대용 공기청정기를 소개하는 방식의 차이

　　실례로 소셜커머스의 강자인 쿠팡과 29CM를 비교해보자. 29CM와 쿠팡 모두 온라인으로 제품을 판매하지만, 쿠팡에서 감성적인 느낌이나 새로운 경험을 기대하며 물건을 구입하는 사람은 많지 않을 것이다. 소비자들이 쿠팡에 기대하는 것은 빠르고 정확한 배송, 그리고 상대적으로 저렴한 가격이다. 같은 사업영역에 속해 있지만 사업전략의 방향이 확연히 다르기에 두 회사의 지향점 역시 다르다. 위 그림은 29CM와 쿠팡이 동일한 브랜드의 휴대용 공기청정기를 소개하는 방식의 차이를 보여준다. 29CM는 공기청정기의 기능이나 빠른 배송 등의 혜택을 설명하는 대신 사용자 입장에서 이 제품이 언제, 왜 필요한지 스토리를 통해 전달한다. 반면 쿠팡은 그들의 사업 전략에 맞게 가격과 배송일을 가장 강조해 표기한다.

29CM라는 독특한 네이밍 역시 멋진 브랜드를 만들겠다는 의도 보다는 어떤 사업을 할 것인가 하는 철학에서 비롯된 것이다. 실제 29cm라는 거리는 '너무 멀지도 가깝지도 않은 사람 사이의 거리, 설렘을 주는 간격'이라 한다. CM은 커머스Commerce와 미디어Media 의 조합이다. 이처럼 철저히 사업방향에 따라 만들어진 이름이지만, 29CM를 쓰는 소비자들에게는 자신이 감성적이고 다분히 트렌디하 며 앞서간다는 느낌을 준다. 사업전략이 소비자들의 인식을 거쳐 브 랜드 네임의 이미지에 자연스럽게 스며든 것이다.

이처럼 '내가 왜 이 사업을 하는지'를 명확히 정의하고, 이를 고객 에게 지속적으로 커뮤니케이션해야 사업과 브랜드 양쪽을 완성해갈

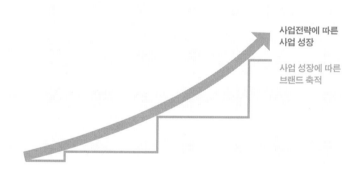

사업전략에 따른
사업 성장

사업 성장에 따른
브랜드 축적

수 있다. 회사가 지향하는 가치는 A인데 소비자에게 보여주는 모습은 B라면, 회사는 물론 브랜드의 정체성과 신뢰성마저 의심받기 쉽다.

다만 사업전략이 브랜드를 완성해가는 과정과 같다 해도 사업과 브랜드가 성장하는 방식까지 같을 수 없다. 왼쪽 그림에서 보듯 사업은 점진적인 성장곡선을 그리는 데 비해, 브랜드는 계단식으로 성장하는 모습을 보인다. 사업전략과 브랜딩 활동이 누적되고 응축되어야 비로소 브랜드 자산이 만들어진다는 뜻이다. 특히 처음 한두 계단을 오르기까지 오랜 시간이 걸리는 게 일반적이므로 지속적인 관심과 투자가 필요하다.

그렇다면 비즈니스를 완성해가는 동시에 브랜드의 힘을 쌓으려면 무엇을 해야 할까?

스타트업 또는 창업가는 시간, 돈, 사람 등 리소스가 충분하지 못하다. 따라서 대기업이나 리소스가 충분한 기업의 사업전략과는 다른 관점, 특히 '생존' 관점에서 사업전략을 생각해야 한다.

초기 스타트업의 사업전략은 첫째, 우리가 누구인지 제대로 파악하는 것, 즉 이 사업을 왜 하는지(또는 해야 하는지) 아는 것에서 출발해야 한다. 이는 투자를 위한 IR 활동과도 직접 연결된다.

둘째, 어떠한 방법으로든 타깃 고객들의 눈에 띄어 인지도를 확보해야 한다.

셋째, 대중에게 많이, 제대로 알려 제품이나 서비스에 대한 이해를 높일 필요가 있다.

마지막으로는 최소요건제품(MVP : Minimum Viable Product)을 빠르게 출시해 시장의 반응을 확인하고, 이를 반영하여 시장의 요구보다 한 단계 나은 제품을 출시하고 만들고build–측정하고measure–배우는learn 과정을 반복하는 단계로 나눌 수 있다.

다음 표의 왼쪽은 사업전략, 즉 창업가가 사업하면서 반드시 답해야 하는 질문이고, 오른쪽은 그에 따른 브랜드 전략이다.

	사업전략	브랜드 전략
purpose 목적	'우리가 누구?'라는 질문에 명확하게 답할 수 있게	브랜드 전략이 곧 사업전략이다
		브랜드 아이덴티티, 자기다움이 핵심이다
		브랜드 전략, 안에서부터 시작하라
		사람이 먼저 브랜드가 되어야 한다
presence 인지	눈에 계속 띄게 하기 위해	비주얼과 디자인으로 이야기하라
understanding 이해	많이 알리고 제대로 알리기 위해	스토리와 콘텐츠로 공감을 얻어라
		타깃을 명확히 하고, 팬을 만들어라
		디지털이 당신을 구원해줄 것이다
	반응을 살피고 개선하고 참여시키기 위해	오프라인에서 고객 경험을 완성하라
		작게 시작하고 디테일을 챙겨라

처음의 이야기로 돌아가 보자. "소비자들이 당신의 제품이나 서비스를 써본 후 어떤 느낌으로 기억하길 바라나요?", "여러분의 제품이나 회사에 대해 어떤 인상을 갖길 원하나요?" 이 질문에 망설이지 않고 대답할 수 있는가? 그렇다면 당신의 브랜드는 절반은 성공한 셈이다. 자신감을 갖고 출발해도 좋을 것이다.

우리 사업의 핵심은 유통의 본질로 돌아가는 것

마켓컬리 │ 김슬아 대표

마켓컬리Market Kurly는 직장동료였던 김슬아 대표와 박길남 이사가 공동 창업한 더파머스의 온라인 쇼핑몰이다. 밤 11시에 주문해도 다음 날 새벽에 받아볼 수 있는 샛별배송과 높은 품질, 여기에 구매욕구를 자극하는 플레이팅 사진으로 입소문을 타고 명실상부한 프리미엄 온라인 식품회사로 자리매김하고 있다.

대표님과 마켓컬리 소개 간략히 부탁드릴게요.

저희는 2015년 1월에 창업했고 5월 말에 본격적으로 서비스를 시작한, 온라인에서 좋은 상품들을 파는 곳이에요. 처음에는 채소가게로 시작했지만 지금은 종합식품회사이고요.

2년간 온라인에서 식품을 팔아왔는데 핵심은 유통의 본질로 돌아가자는 거고요. 기존의 많은 유통회사들이 온·오프라인 통틀어서 대단히 제조회사 마인드였어요. 즉 공급자 마인드여서 고객이 원하는 상품을 파는 게 아니라 시장에 나와 있는 상품을 진열하고, 고객이 원하는 가격대에 좋은 상품을 공급하는 게 아니라 가장 싸고 가격 컨트롤하기 쉬운 상품들을 팔았죠. 많은 곳이 그전까지는 정기배송이었어요. 정기배송이 고객 입장에서 편하냐고 물었을 때 식품은 불편한 점이 많다고 저희는 생각했어요. 한 주 정도는 계란을 안 먹고 싶을 수도 있잖아요. 사실 이게 재고관리 편의성이란 측면에서 공급자 마인드였거든요.

그래서 저희는 이걸 온디맨드on demand로 만들자. 그러면서도 편의성이 좋아야 하니 마트에 절대 못 가는 시간에 편하게 배송해주자. 저희는 활용 가능하지만 고객에게는 쇼핑할 수 없는 죽은 시간이 언제인가 생각해서 밤으로 정한 거고요. 고객에게는 8시간일 수도 있고 10시간일 수도 있지만 그 시간에는 주무시니까 1시간처럼 느껴지는 시간이 언제냐. 여러 가지 유통을 고객 입장에서 생각해서 한 번 제대로 된 서비스를 만들어보자 해서 시작했어요.

처음에는 온라인으로 해야겠다는 생각을 안 했어요. 저희 중에 온라인 전문가가 없었고 저와 공동창업자 모두 개발을 전혀 못하는, 코딩의 '코'자도 모르는 사람들이라 유통에만 관심이 있었죠. 다만 저희 입장에서는 (온라인 판매가) 가장 효율적인 방법이었어요. 여

(사진 : 마켓컬리 제공)

기서 효율이란 말이 중요한데, 장기적으로는 이게 가격에 녹아들어
간다고 생각해요. 저희의 비용이 들어가야 지속가능한 구조가 되는
데 오프라인은 근본적으로 비용이 너무 높다고 생각했어요. 매장 임
대료도 그렇고 상품을 진열해야 하는 구조이다 보니까 폐기가 많고,
물류가 너무 비싸서 온라인으로 해야겠다고 결정했죠. 1월부터 3월
까지 둘이 앉아서 온통 모바일 쇼핑 관련된 책을 읽으면서 열심히
배웠고, 오랫동안 내부에 개발자 없이 사업했어요. 지금은 기술분야
를 총괄하는 CTO도 오셨고 훌륭한 팀이 생겼지만 처음에는 외주로
시작했습니다. 서비스 론칭하고 나서 앱이 나오기까지 1년 가까이
걸렸어요.

　사실 상품, 가격, 배송이라는 게 효용성의 측면이에요. 온라인에

서 쇼핑하는 사람들은 항상 더 싸거나 빠르거나에 집착하는데 저는 그런 서비스를 만들고 싶지 않았어요. 저에게는 식품이 언제나 즐거움이고 경험이고 누구랑 같이 먹는 기쁨이고, 장을 보는 것도 좋았어요. 식품이 너무 예쁘니까. 이걸 어떻게 고객에게 전달해줄까. 그저 빠르니까 산다, 싸니까 산다가 아니라 너무 좋고 안 사도 들어와 보고 싶고, 같이 향유하고 즐기는 사이트. 당시는 이걸 브랜드로 구축하겠단 생각도 못했고요. 내가 봤을 때에도 예쁘고 괜찮은 사이트가 되면 좋겠다 싶었어요.

마켓컬리 인스타그램 (사진 : 마켓컬리 제공)

당시 했던 황당한 결정 중 하나가 모바일 웹을 만드는 비용보다 사진에 비용을 더 쓴 거예요. 푸드스타일리스트와 인물만 찍는 작가님을 데려와서 야외에서 조명 써가며 음식 촬영을 했거든요. 결국에는 화면에서 보여줄 수 있는 음식의 요소가 시각적인 부분밖에 없더라고요. 당시 동영상 커머스도 없어서 이걸로 고기 굽는 소리를 들려줄 생각도 못했고 환상적인 마블링, 숙성 잘된 고기의 아름다운 빛깔만 생각했던 것 같아요.

이 사업하면서 가장 의미 있지만 어

렵다고 생각한 부분이 몇 가지 있는데요. 오프라인으로만 음식을 사던 사람들의 행동을 어떻게 온라인으로 전환할 것인지예요. 또 저는 싼 식품은 분명 이유가 있다고 생각하거든요. 집에서 뭘 만들었는데 얼마로는 그걸 결코 못 만든다고 하면 어딘가에는 이유가 있어요. 제조공정에서 사람이 안 만들었든, 재료가 싸든. 제대로 만들었을 때 나와야 하는 가격, 생산자에게 정당하게 보상했을 때 고객에게 제시할 수밖에 없는 가격, 이렇게 품질과 가격에 대해 설득하는 작업들이 어려워요. 그래도 의미가 있다고 생각합니다. '만약 우리가 지금 이걸 힘들다고 안 해버리면 누가 이걸 팔 것인가? 그러다 보면 우리도 못 먹을 거 아니냐, 좀 더 힘을 내서 가보자.' 그렇게 하다 보니 2년이 흘렀네요.

덕후들의 회사라는 것이
가장 큰 경쟁력

어떤 계기로 창업을 결심하게 되었나요?

이 사업을 하기 전에 10년 정도 직장생활을 했어요. 대학 다닐 때는 친구들이랑 사업이라고 할 수 없는 수준의 장사를 해봤고요. 동대문에서도 장사를 좀 해봤고, 교수가 되고 싶은 반면 약간 탐구심은 있었던 것 같습니다.

학교를 졸업하면서는 제가 가장 못하는 걸 해야겠다고 생각했어요. 대학 때는 정치, 심지어 현실정치와 동떨어진 고대정치, 철학 같은 걸 공부했거든요. 현실감각도 떨어지고, 사업도 못했죠. 숫자감각이 전혀 없는데 어떻게 합격했는지 모르겠지만 재무제표를 읽지도 못하는 상태에서 투자은행에 가게 되었습니다.

이 사업을 시작하게 된 가장 큰 이유는 당연히 저희가 음식을 좋아해서이기도 하겠지만, 같이 컨설팅회사에서 일했던 박길남 이사와 저의 가장 큰 딜레마가 '우리는 아무것도 한 것이 없구나!'였어요. '남한테 하라고만 했지 내가 뭘 할 수 있을까?' 공동창업자도 유통컨설팅 전문가여서 다양한 회사를 컨설팅하면서 온라인 사업은 이렇게 하고 물류센터는 이렇게 짓고 등등 실컷 이야기를 했대요. 그렇게 하고 나면 '과연 내 사업을 할 수 있을까?'라는 생각을 많이 했다고 하더라고요. 저도 그런 생각을 많이 했고요.

처음 시작했을 때 가장 큰 고민은 어떻게 하면 돈을 안 들이고 하는가였어요. 유통이 돈이 많이 드는 사업이라 비교적 독과점 형태잖아요. 사업을 시작한 또 다른 이유는 저희가 지금까지 '기존 컨설팅 회사에서 배우지 못했던 것들을 많이 배운다'는 거고요. HR, 조직관리처럼 다른 사람들을 동기부여해서 팀으로 성과를 내는 것들은 아마 기존 직장에 있었다면 평생 못 배웠을 거예요. 인간 수양이고 직업적으로는 커리어의 성장이고, 많은 부분 사업은 학교라고 생각하며 수양 중입니다.

마켓컬리가 빠른 시간에 자리 잡게 된 이유를 샛별배송이나 좋은 상품 외에 브랜드 적 관점에서 설명할 수 있다면? 앞에서 말씀하신 스토리 외에 무엇이 있을까요?

사실 이건 진짜 덕후들이 하는 사업이라는 걸 고객들이 바로 알 아보셨다고 생각해요. 제가 다른 사이트들을 보면서 가장 궁금해하 는 게 '거기 있는 사람들은 이걸 좋아할까? 먹어봤을까?'예요. 저희 는 다 먹어봐요. 저나 우리 팀이 먹어보지 않은 상품은 한 개도 판 적이 없어요. 그래서 고객이 싫어하시면 속상해요. '우리는 다 먹어 보고 감동해서 올렸는데 왜 싫어하시지?' 싶어서 마음이 아프고 막 물어보죠. 저희가 지금까지 3000개 정도 상품을 론칭했지만 검토는 1만 개도 넘게 했을 거예요.

저희는 회사 설립 직후부터 내부에 상품위원회Product Committee를 두고 있어요. 매주 한 번씩 회의가 있는데, 제가 이것 때문에 2년 동 안 휴가를 못 갈 정도로 한 번도 안 빠지고 참석했는데요. 이를 위해 MD들은 기획서를 쓰고 70여 가지의 기준 — 지금이야 완성됐지만 처음에는 부족했죠 — 을 집어넣어서 상품의 모든 측면을 검증해요. 맛과 가격과 스토리를 보면서 우리가 소비자로서 이 상품에 감동하 느냐에 초점을 맞춰요. MD, 마케터, 재무팀, CS팀, 푸드스타일리스 트, 사진작가까지 다 모셔서 하고 있습니다. 그래서 이건 정말 괜찮 다, 꼭 팔고 싶다고 생각되는 것들을 팔아요. 예전에는 외부 소비자 도 불렀는데 보안 이슈 때문에 그만뒀고요.

자기가 파는 상품에 대한 기쁨은 에디터들이 글을 쓸 때, 포토가 사진을 찍을 때 드러날 거라 믿거든요. 특히 모두가 나오길 기다리는 상품이 있어요. 그런 건 콘텐츠를 보면 느껴져요. '아, 우리 푸드스타일리스트가 사진 찍으면서 좋아했나 보다' 그런 게 있어요. 특히 코어팀 멤버들은 덕후들이라 지금 뭐 먹으면서 다음에 뭐 먹을지를 고민하는 사람들이어서 이런 기쁨이 고객에게 전달된 것이 아닐까 생각해요.

또한 공급자 관점이 아니라 소비자 관점에서 많은 부분을 설계한다고 했는데, 아주 뻔한 이야기이지만 그래서 '내가 진짜 소비자인가' 하는 질문을 끊임없이 스스로에게 해야 한다고 생각해요. 저희 리더 그룹에서 푸시하는 것은 그래서 계속 마켓컬리를 더 많이 써라, 그리고 어떤 관점에서든 이슈가 있으면 빨리 이야기하라는 거예요. 저는 주부지만 싱글인 친구도 있고 아이 키우는 분들도 있잖아요. 저희가 별로라고 생각하는 상품을 고객에게 팔지 않는 것이 고객에 대한 예의라고 생각해요. 그 원칙을 지키고 그것을 고객에게 끊임없이 커뮤니케이션하는 노력을 합니다. 그런 부분이 고객에게 전달된 것 아닐까 합니다.

이러한 원칙을 유지할 수 있는 원동력은 무엇일까요? 사명감?

일단 좋아하는 일이니까 순수성을 지켜가면서 했으면 좋겠다는 점이 있고, 두 번째로는 저희 직원들이 여기에서 일하는 것이 인생을 가장 편하게 살 수 있는 방법은 아니었을 거예요. 단 한 명도 연봉을 깎지 않은 사람이 없거든요. 그래서 뭐랄까, 약간의 줏대가 있는 것 같아요. 다른 걸 포기하고 이 일을 할 만큼 좋아한다. 부끄럽게 살지 말자는 이야기를 가끔 해요. 제가 이거 하면서 좋은 분들, 좋은 고객들을 정말 많이 만났거든요. 그분들에게 부끄러운 일을 하지 말자고 생각하죠.

사실 그로서리grocery 브랜드라는 걸 만드는 데는 오래 걸려요. 고객이 먹는 것을 바꾸는 건 큰 결심이 필요하기 때문에, 단기간에 빠르게 성장하거나 승부할 수 있는 사업은 아닐 거라 생각했어요. 가격으로 승부하지도 않을 거고 부가기능을 주지도 않는데 대체 이걸로 뭘 할 거냐. 결국에는 직원들도 고객들도 다 아실 텐데, 오래가는 좋은 브랜드, 고객들이 좋아할 수 있는 브랜드를 만드는 것이 저희에게는 가장 의미 있는 일 아니겠느냐 생각했고, 그랬을 때 회사는 영속할 수 있다고 생각해요.

그래서 우리는 무언가를 하는 것 이상으로 무언가를 하지 않을 때 하나씩 쌓아간다고 생각해요. 'long term greedy(장기적 욕심)'란 말을 좋아하는데, 지금 이걸 하지 않는 것이 단기적으로는 수익을 못 올리는 것 같지만 장기적으로는 그게 가장 큰 자산이 될 거다, 그런 생각으로 일부러 하지 않는 부분도 있습니다. 사업적으로 말이 된다고 생각하고 먼 미래에 좋은 브랜드를 만들 수 있을 것이라 확신하기 때문에 이렇게 하고 있습니다. 잘 버텨야 합니다.

'맛'은 사람마다 느끼는 게 다르잖아요. 누군가에게는 맛보다 배송이 더 중요할
수도 있고요. 그럼에도 비주얼이나 디자인에 집중한 이유가 뭘까요?

'객관적으로 맛있다'는 없는 것 같아요. 어떤 기대치를 세팅해주
는가에 달려 있는 것 같아요. 보는 순간 50%가 결정되지 않나 생각
해요. 그래서 포장에 무척 신경 쓰고요. 저의 주 업무 중 하나가 물
류센터에서 포장하는 분들을 독려하는 거예요.

아이스팩을 보라색으로 만드는 등 시각적인 부분을 컨트롤해줬
을 때 원래 맛있는 것 이상으로 감동받게 될 거라는 믿음이 분명히
있었어요. 맛을 아주 객관적인 거라고 생각하면 저희가 이렇게까지
하지 않았겠죠. 똑같은 복숭아를 줘도 달다 안 달다 사람마다 생각
이 다 다른데요. 이런 차이가 결국은 기대치를 어디에 두느냐에 따
라 달라진다고 생각합니다. 이러한 기대치는 제품을 처음 접하는 저
희 사이트에서, 두 번째는 고객이 받았을 때 결정된다고 생각돼요.
신선식품에서는 맛과 신선도죠. 저희가 샛별배송을 선택한 게 정말
'대박'이라고 생각하는 이유가 아침에 받아보면 더 신선하게 느껴지
거든요. 물론 실제로도 오프라인보다 유통과정을 줄여서 빠르게 배
송하지만 인지하는 부분에서 느끼는 것도 크다고 봅니다.

많은 스타트업 대표님들이 브랜딩했다는 표현을 안 쓰시지만, 모두 브랜딩을 잘
하고 있다고 보이거든요.

사실 저도 브랜딩은 잘 모르지만, 처음에 사업모델이라는 것을

만들 때 많이 생각했던 것이 '가치'였어요. 소비자들에게 어떤 가치를 전달할 것인가. 공급자 중심이 아니라 소비자 중심의 유통구조를 만들겠다는 대전제를 세웠는데, 그게 유통의 핵심 요소에서 무슨 의미가 있는지를 계속 생각했어요. 예컨대 공급사와의 구조에서는 사입을 할 때 가치가 굉장히 잘 맞았습니다. 이후에는 이게 사업모델이 되고 전략이 되었는데, 왜 그렇게 했는지 보니 결국 소비자 중심으로 생각한 결과였어요. 온디멘드를 만들려고 계속 고민한 근원은 '가치'였고, 그게 브랜딩이 되지 않았을까 싶어요.

사실 모든 접점에서 이루어지는 것이 브랜딩이죠. 예를 들어 HR이 브랜드와 상관없는 것 같아도 그 이슈로 타격을 받는 브랜드도 있거든요.

HR 관점에서 가장 크게 생각하는 부분이 '보상'이에요. 브랜드는 영속해야 하니까. 저희 리더십 그룹에서는 최저임금과 최고임금과의 차이가 몇 배수 이상이 되면 안 된다고 정했어요. 특히 현장직 근로자와의 차이요. 물론 리더 그룹은 장기적 보상을 받을 수 있지만 엄청난 허들을 적용하죠. 유통업은 중개업이잖아요. 잘하면 막대한 가치를 창출하지만 못하면 착취라고 볼 수가 있어요. 누군가 엄청난 월급을 받는다면 누군가에게 덜 돌아갈 수 있다고 생각해요.

그러면 여기에 왜 훌륭한 인재가 모여야 하는가. 장기적인 관점에서 산업의 유의미한 변화를 이끌었을 때 그게 기업가치로 돌아온다고 생각해요. 우리는 기업가치로 보상받는 것이죠. 중개자가 왜 보

44

수를 많이 받아야 하는가 하는 의문이 처음부터 있었어요. 이런 가치를 이야기하면서 저희가 굉장히 엄격하게 해요. 생산자에게 좀 더 많이 줘야 한다고 생각합니다.

마켓컬리만의 디지털 운영 노하우가 있다면 무엇일까요? 입소문이 많이 난 케이스인데, 단순히 이미지가 예뻐서는 아닐 것 같아요.

지금 들어오는 신규 고객도 자연스럽게 입소문으로^{organic} 알게 된 고객들이 많아요. 예쁜 이미지뿐 아니라 고객들의 참여지수를 높이려고 했어요. 예를 들어 사진이 화려하다면 '오늘은 뭐를 해봐라, 당신이 이걸로 무엇을 할 수 있다'는 구현 가능한 액션을 넣으려고 했죠. 콘텐츠 자체가 의미 있고 좋아야 한다고 생각해서 팀에게 이게 '말할 거리'인가를 계속 물어보고 고민하라고 해요.

가치 있는 것이 무엇인지는 미지수이지만 저희 입장에서는 가치 있는 콘텐츠를 올리고 이것을 고객이 자기 삶과 연결시킬 수 있어야 할 것 같아요. 저희는 기획전도 콘텐츠의 일환이라고 봐요. 어떤 시즌에 어떤 상품을 진행할 것인지에 대해 고민을 많이 하고, 여러 옵션을 준비해둡니다. 비가 오면 이걸 해야지 더우면 이것을 해야지 등 여러 옵션을 만들어두고 가장 적절한 것을 진행해요. 회사 입장에서 보면 굉장한 리소스 낭비예요. 그럼에도 예쁜 이미지만 있는 건 크게 의미가 없다고 생각해요. 지금 상황에 딱 맞는 것이 뭔지, 지금 고객에게 의미 있는 것이 뭔지, 회사 입장에서는 나가서 부끄럽지 않은 것이 뭔지를 고민합니다.

기존과는 다른 방식으로
가치를 창출하는 것

대표님이 생각하는 스타트업의 정의란 무엇일까요?

기존과는 다른 방식으로 새로운 가치를 창출해야 한다고 생각해요. 무엇을 다르게 하여 어떤 가치를 만들 것인가가 중요하고요. 특히 저희 같은 중개업은 효율성efficiency 싸움으로 가는 경향이 있는데, 저는 이것이 사회적으로 자원 낭비라고 생각해요. 젊은 창업가들이 그 큰 리스크를 걸고 사업을 했는데 예전보다 조금 나아지는데 그친다면 얼마나 허무하냐는 거죠. 훨씬 작은 시장에서라도 퀀텀점프quantum jump를 보여주는 것이 필요하다고 봅니다.

또 IT 기반이 아니더라도, 테크tech를 어떻게 잘 쓸지 이해는 하고 있어야 한다고 생각합니다. 이 시대에 왜 스타트업이 나왔고 퀀텀점프가 가능하냐고 하면, 기술이 싸기 때문이거든요. 저희가 수천 년 인류 역사상 가장 싼 테크를 쓰고 있는 세대이고 인생 최대의 행운이라 생각해요. 모든 게 오픈소스예요. 저희가 발주 모델이라는 수요 예측에 머신러닝 기법을 적용하겠다고 했을 때 실제 구현하기가 아주 쉬웠어요. 부품이 너무 싸서 조립하면 애플워치가 나오는 시대에 사는 느낌이랄까. 싼 기술을 기반으로 자기 산업에서 퀀텀점프를 이루어낼 수 있는 회사가 스타트업의 본질에 가깝지 않나 생각합니다.

　소비자와의 관계, 생산자와의 관계에서 아주 싼 기술들을 기반으로 계속 혁신을 시도해보고 싶어요. 이게 결국 장기적인 브랜드 가치 long term brand value 로 나타날 거고, 산업의 혁신이 아닐까 싶습니다.

대표님이 생각하는 브랜드란 무엇인가요?

　한 번도 생각해보지 않은 질문이어서 어려운데요. 브랜드에서 뭐가 중요하느냐의 관점에서 이야기하자면 저희에게는 적어도 '지속가능성'이라고 생각해요. 우리가 오늘 하는 일을 내일도 할 수 있느냐, 지금 하루 5000명의 고객에게 할 수 있는 것을 5만 명에게도 할 수 있게 만들 거냐, 그리고 남들이 많이 공감할 수 있는 가치인가. 플랫폼 사업이라 더 그렇게 생각하는 것 같아요. 회사의 모토 중 '어제보다 오늘 하나 더'가 있거든요. 너무 지루하고 힘든 일이지만 저희는 그래야 살아남을 수 있으니까요. 어제보다 하나 더 낫게 하기를 지속적으로 반복해야 한다고 생각합니다.

2

브랜드 아이덴티티,
자기다움이 핵심이다

"사업도 브랜드도
시작은 WHY ME"

얼마 전 대학교 강의에서 있었던 일이다. 2시간 남짓 이어진 브랜드 강의 후 취업을 준비하는 학생들을 대상으로 커리어 코칭을 하는 자리였다. 여러 가지 질문과 대답이 오갔는데, 단순화하면 학생들은 '어떤 커리어를 선택해야 좋을지'를 물었고, 나는 '자신이 가장 하고 싶은 일을 하라'는 대답을 했다. 그러자 많은 학생들이 "제가 뭘 하고 싶은지 모르겠어요"라고 되묻는 것 아닌가. 이 어려운 질문 때문에 대화가 길어졌다.

과거 어떤 세대보다 뛰어난 자질을 갖추고도 자신이 무엇을 하고 싶은지 모르겠다고 말하는 젊은 친구들을 보며 복잡한 감정이 일었다. 그들 대부분은 삶의 방향을 찾기보다 취업을 목표로 하고 있었다. 하긴 학생들만 이러겠는가. 이미 직업을 가진 직장인들에게서도 이런 모습은 어렵지 않게 볼 수 있다. 소위 '직장인 사춘기'를 겪는 이들이 늘면서 일정 주기로 현재의 직장이나 업에 회의를 느끼고 불안해하며 퇴사를 고민하는 흐름이 강해지고 있다. 아울러 '퇴사 붐'과 더불어 새로운 직장을 찾거나, 아예 자기 사업을 하겠다고 나서는 '창업 붐'이 동시에 일고 있다. 그만큼 미래에 대한 두려움을 느끼는 사람들이 적지 않다는 뜻이리라.

취업을 준비하는 사람들은 물론, 어렵게 취직에 성공한 이들조차 '이 일이 맞는지'에 대한 회의에서 자유롭지 못한 이유는 무엇일까. 여러 요인이 있겠지만 무엇보다 자신이 무엇을 좋아하고 잘할 수 있는지, 내가 어떤 삶을 살고 싶고, 어떤 일이 그 방향성에 맞을지를 깊이 고민해 찾아내지 못했기 때문이다.

흥미로운 것은 이런 정체성과 방향성의 문제를 사람뿐 아니라 기업도 똑같이 겪는다는 사실이다. 특히 출발선상에 있는 스타트업은 정체성의 혼란을 더 크게 느낀다. 어릴 때 개인의 성격과 개성이 대부분 만들어지는 것처럼, 기업과 브랜드의 정체성을 정립하는 데 가장 중요한 시기는 이제 막 발을 떼는 창업기다. 그런데도 우리 회사나 브랜드가 어떻게 성장하면 좋을지, 사람들에게 어떻게 인식되고자 하는지, 선발주자나 경쟁사와 어떤 점에서 다른지에 대한 명확한 기준이나 방향성을 고민하지 않고 뛰어들었다가 혼란을 겪는 스타트업이 많다. 무조건 좋은 제품과 서비스로 승부하면 된다고 여기거나 일단 돈부터 벌자고 생각하는 것이다. 그러나 안이한 출발은 혼란을 부를 뿐이다. 정체성이 뚜렷하지 않으면 사업의 매 국면에서 혼선을 빚게 되며, 결과적으로 매출도 성장도 요원해진다.

사업 시작 전에 정체성을 만드는 것이 가능할까?

스타트업이 매일같이 맞닥뜨리는 어려움은 셀 수 없이 많다. 제품 및 서비스 개발, 매출과 현금흐름, 조직 및 인원 관리 등 어느 것 하나 만만하지 않다. 브랜드 관련 이슈도 마찬가지다. '새롭게 출시하는 제품의 이름을 무엇으로 할지', '우리 서비스의 차별화 포인트는 무엇인지', '우리 브랜드의 컬러나 톤앤매너Tone & Manner는 어떻게 잡아야 할지' 등 실질적인 고민거리가 계속 발생한다.

특히 제품을 론칭하고 고객 대상 커뮤니케이션이 본격화되면 브랜드 컨셉과 관련된 이슈들이 발생하기 시작한다. 최근 스타트업들은 페이스북이나 인스타그램 등 온라인 커뮤니케이션 채널을 활발히 활용하는데, 관련 콘텐츠를 올릴 때 어떤 이미지를 사용해야 우리 브랜드와 어울릴지, 고객의 댓글에 어떤 말투로 응대할지 등 사소한 것 하나까지도 방향을 정하지 못하고 고민하게 된다. 특히 이미지나 컬러, 슬로건이나 스토리 라인 등 저마다 의견이 다양하게 나올 수 있는 크리에이티브 영역은 뚜렷한 가이드가 없는 경우가 허다하다. 결국 최종 의사결정권자나 담당자 개인의 취향에 따라 결정되곤

하는데, 그 판단이 정말 옳은지는 누구도 장담할 수 없다.

비단 스타트업뿐 아니라 일반 기업에서도 빈번하게 발생하는 문제들이다. 이에 대해 많은 브랜드 관련 강의나 책에서는 브랜드의 정체성, 아이덴티티 또는 자기다움을 찾아야 한다고 말한다. 당연히 맞는 이야기이고 그렇게 해야 한다. 창업단계는 물론 신규 사업을 진행할 때에도 일반적으로 사업 기획 및 중장기 계획 수립과 함께 새로운 제품이나 서비스의 브랜드 아이덴티티를 정한다. 또한 일정 기간 이상 사업을 해왔고 어느 정도의 위치에 오른 기업들도 앞으로 나아가야 할 방향을 재정립하고 새로운 비전을 제시하는 작업의 시작으로 브랜드 아이덴티티를 다시 정의하곤 한다.

하지만 스타트업은 사업을 본격적으로 시작하기 전에 브랜드 아이덴티티를 명확히 하기가 쉽지 않다. 모든 자원이 부족한 스타트업은 자신의 비즈니스 모델이 경쟁력 있는지 검증하기 위해 최소요건의 제품 또는 서비스^{MVP}를 만들어 시장에서 테스트하고, 반응을 측정하고, 측정된 결과로부터 학습해 또 다른 제품이나 서비스를 출시하는 과정을 반복하면서 경쟁력을 확보해간다. 흔히 말하는 린^{Lean} 스타트업 과정인데, 브랜드 아이덴티티 역시 이 과정을 통해 개발된다. 즉 스타트업은 자신의 비즈니스를 만들고^{build}, 측정하고^{measure}, 학습하는^{learn} 과정을 수없이 반복해야 사업은 물론 브랜드의 아이덴티티를 찾을 수 있다. 이상적인 브랜딩이라면 MVP 단계 이전에 브랜드 정체성이 어느 정도 잡혀야 하는데, 현실적인 프로세스는 그 반대인 셈이다. 설령 제품을 개발하기 전에 머릿속에 그렸던 회사나 브랜드 정체성이 있다 해도 실제 제품을 출시하는 과정에서 흔들릴 위험은 언제나 있다. 더욱이 최소요건의 제품을 출시해서 시장 반응을 보며 시장성이 있는 곳을 좇는 것만으로 사업과 브랜드 정체성이 저절로 쌓이는가 하면, 그것도 아니다. 스타트업일수록 '내가 하고 싶은 것'이 무엇인지를 확실히 알고, 자기만의 원칙을 고수하는 자세가 필요하다.

왜 다른 사람이 아닌 우리여야 하는가?

앞선 언급한 자기다움과 정체성을 브랜드 용어로는 '브랜드 아이덴티티^{brand identity}'라 부른다. "너의 정체가 무엇이냐"는 질문에 흔히 나오는 바로 그 정체성이다. 브랜드 아이덴티티는 시장 내의 다른 제품이나 서비스에 비해 우리만이 갖는 차별화 요인이자 모든 사업 및 브랜드 활동의 근간이 되는 브랜드의 결정체라 할 수 있다. 우리가 이 브랜드를 왜 만들었으며, 이 브랜드가 나아갈 방향이 무엇인지, 그것을 만든 우리는 누구인지를 구체적으로 표현한 개념이다. 브랜드가 고객에게 전달하고 싶은 이미지이기도 하고, 고객들이 그 브랜드에 대해 느끼는 감정이기도 하다.

브랜드 아이덴티티에 대한 질문을 한마디로 표현하면 'Why me?'다. 시장에 이미 유사한 플레이어들이 있는데 왜 내가 이 일을 해야 하는가? 기존과 똑같은 제품, 똑같은 서비스라면 굳이 내가 퇴직금 털어서 이 일을 시작할 이유가 있는가? 그들과 다른 나만의 개성과 경쟁력이 있다면 무엇인가? 이런 질문을 던지다 보면 자신이 펼치고 싶은 사업의 모습, 자신이 원하는 우리 회사의 모습이 조금씩 구체화된다. 그것이 곧 나만의 차별화 포인트이자 '자기다움'이 된다.

'Why me?'를 명확히 하고 실현하는 과정에서 사업과 브랜드의 자기다움을 찾은 예로 셰어하우스 브랜드 '우주WOOZOO'가 있다. 나아가 우주는 창업자가 추구하는 가치에 걸맞은 사업을 모색하다 기존에 없던 사업모델을 새로 창안한 경우이기도 하다.

'딜라이트'라는 보청기 제조회사를 비롯해 엔터테인먼트 및 식음료 등 여러 분야에서 연쇄창업을 한 바 있는 김정현 대표는 새로운 회사를 창업할 때 해당 업종의 규모를 가장 유심히 본다고 한다. 셰어하우스 브랜드인 우주를 창업할 때에도 임대시장 사이즈에 주목했고, 가능성이 있다고 판단해 본격적으로 시장이 형성되기 전에 사업을 시작했다.

우주의 브랜드 정체성은 매우 독특하고 독보적이다. 사회적 기업에 관심이 많은 김 대표는 난청인을 돕는 보청기 제조사업을 하다 매각하고, 또 다른 사회적 비즈니스 아이템을 모색하던 중 청년들의 주거문제에 주목했다. 당시 '반값등록금'이 사회적 이슈로 떠올랐는데, 실제로 청년들을 만나보니 장학금이나 아르바이트로 충당 가능한 등록금보다는 오히려 주거비용에 대한 걱정이 더 크다는 것을 알게 된 것이다. 이 문제를 해결하기 위해 외국 사례를 연구한 끝에 셰어하우스 시장의 가능성을 발견하게 되었고, 한국에 최초로 관련 비즈니스를 시작했다.

업계에 최초로 진출하다 보니 여러 가지 어려움이 있었지만, 그 덕분에 우주는 가장 강력한 브랜드 자산을 갖게 되었다. 뒤늦게 뛰어든 후발주자들도 자연스레(?) 우주를 따라 하게 된 것이다. 업계의 표준이자 상징이 되는 것만큼 강력한 브랜드 자산이 어디 있겠는가. 나아가 우주를 벤치마킹하는 후발주자들과 차별화하기 위해 우주라는 브랜드에 '선진적이고 미래의 주거 개념을 선도하는 사람들', '시장을 선도해가는 자부심'이라는 인식을 부여했다. 시장의 선두에 있다는 개척자 정신pioneer이 자연스럽게 브랜드 정체성으로, '우주다움'으로 체화된 것이다.

그렇다면 우주처럼 전혀 새로운 사업을 펼치는 경우가 아니라 기존 시장에 뛰어드는 후발주자들은 어떻게 해야 할까? 이들이 취할 수 있는 차별화 전략은 기존 사업모델의 문제점이나 빈틈을 공략하는 것이다. 문제점이나 빈틈이라 해서 고도의 기술적 솔루션이 필요하거나 거창한 철학이 요구되는 것은 아니다. 때로는 그리 중요해 보이지 않는 지엽적인 요소를 통해서도 자기다움을 표방할 수 있다.

퍼블리Publy는 디지털 콘텐츠 출판 서비스 스타트업이다. '디지털'

'콘텐츠' '출판', 이 세 단어의 조합만으로도 퍼블리가 기존의 종이 출판 또는 미디어와 어떻게 차별화되는지 조금은 짐작하게 해준다. 하지만 이미 전자책 시장도 존재하고, 미디어도 온라인에 적응하기 위한 시도를 하고 있지 않은가. 이것만으로는 퍼블리만의 'Why me?'가 충분히 설명되기 어렵다. 더욱이 퍼블리가 제공하는 콘텐츠는 '배울 것'이 있는 내용들이다. 콘텐츠 시장에서 이런 진지한 주제는 '지는 해'에 속한다. 시장 흐름에 올라타려면 웹툰이나 웹소설 등 엔터테인먼트 시장에 진출하는 것이 더 유리했을 것이다. 실제로 투자유치를 할 때에도 번번이 시장 사이즈에 대한 지적을 받았다고 한다.

이에 퍼블리는 '되는 시장'에 뛰어드는 대신 자기만의 독특한 컬러를 내세우는 전략을 취했다. 공동창업자 박소령 대표는 '명품 같은 지적 콘텐츠'를 퍼블리다움으로 꼽는다.

"제가 좋아하는 이상향으로 바라는 언론사 브랜드가 있어요. 〈뉴욕타임스〉, 〈파이낸셜 타임스〉, 〈뉴요커〉, 〈모노클〉, 〈이코노미스트〉, 이런 것들이에요. 국내에는 그런 느낌을 주는 미디어 브랜드가 왜 없을까 생각했어요. 읽고 다니거나 들고 다니면 내 몸값이 올라가는 것 같은 느낌을 주는 브랜드요. 마치 몸에 걸치면 명품 같은 느낌을 주는. 가방이나 구두만이 아니라 지적 콘텐츠 분야도 그렇게 될 수 있잖아요. 그런 콘텐츠는 해외 선진국 위주로 되어 있고, 국내에는 그런 브랜드가 없는 것 같아서요. 지향은 〈파이낸셜 타임스〉였어요. 아직 갈 길이 멀긴 하지만, 저희 콘텐츠도 그런 느낌을 주고 싶은 거죠. 소비하는 독자에게 내가 뭔가 학습했다, 내가 좀 더 똑똑해진 것 같다, 나은 사람이 된 것 같다는 느낌을 주고 싶은 거죠."

결코 양보할 수 없는 한 가지가 있는가?

흔히 브랜드 아이덴티티는 한 문장 또는 한 구절의 슬로건으로 표현된다. 우리가 이 사업을 왜 하는지, 그리고 왜 우리여야 하는지 정하고 이를 효과적으로 전달할 수 있도록 한 문장으로 정리하다 보면 자기다움, 우리 브랜드만의 아이덴티티를 늘 기억하고 강화할 수 있다.

이렇게 정립된 브랜드 아이덴티티는 타깃을 보다 구체적으로 보여주고, 다른 회사나 브랜드와의 차별성을 명확하게 해준다. 이는 동일한 사업군에서 유사한 제품 포트폴리오를 보유한 기업들이나 브랜드를 비교해보면 확실해진다. 이를테면 방 구하기 서비스를 제공하는 어플리케이션인 '직방'과 '다방', 음식배달 서비스인 '배달의민족'과 '요기요', 숙박예약 앱인 '야놀자'와 '여기어때' 등은 거의 같은 기능적 가치를 제공하지만, 고객들이 느끼는 브랜드 이미지나 선호도는 다르다. 각자 사업을 진행하면서 '이 사업을 시작하게 된 이유는 무엇인지', '이 브랜드를 통해 고객들에게 전달하고 싶은 메시지는 무엇인지', '이 브랜드의 차별화된 혜택은 무엇인지' 등을 고민하고 실행하는 과정에서 각각의 브랜드가 저마다 다른 모습으로 인식되는 것이다.

이처럼 브랜드 아이덴티티는 외부적으로 커뮤니케이션 활동의 근간이 될 뿐 아니라, 내부적으로는 의사결정 및 행동양식의 기준이 된다. 일례로 프릳츠는 '기술자들의 공동체'로 자신들을 표현한다. 과거 유럽에서 상업적으로 만들었던 장인들의 길드나 프랑스 코뮨의 교집합 같은 형태다. 빵, 디자인, 회계 등 각각의 영역을 담당한 구성원들이 기술자로서 발전을 꾀하고, 회사는 그들의 안정적 삶을 지원한다. 그런 공동체를 통해 고객에게 최고의 커피를 제공할 수 있도록 최선을 다한다. 이런 '프릳츠다움'은 대표부터 신입사원까지 모든 구성원들이 수익을 비슷하게 나누는 보상 시스템에 단적으로 드러난다.

그런가 하면 마켓컬리는 '안 할 수 있는 용기'를 내부 의사결정에서 강조한다. 이 또한 브랜드 아이덴티티에서 나온 기준이다. 한마디로 아무리 잘나가는 제품이라 해도 내부 기준에 맞지 않으면 팔지 않겠다는 것. 즉 상품기획, 물류, 소싱 등 모든 영역에서 하지 말아야 할 것을 명확히 알고 이러한 원칙을 잘 지켜내는 것이 마켓컬리라는 브랜드의 핵심가치라 할 수 있다.

이러한 원칙과 기준은 외부 커뮤니케이션에도 적용된다. 마켓컬리는 해서는 안 되는 말을 하거나, 생산자에게 모욕적인 언사를 남기는 고객들에게는 "더 이상 저희에게서 물건을 구매하지 않았으면 좋겠다"고 말한다. 돈 욕심에 비싸게 판다고 비난하는 고객에게는

"생산자가 20년 동안 철학을 갖고 빵을 구워왔는데, 이걸 그렇게밖에 생각하지 못하신다면 앞으로는 고객님에게 팔지 않겠습니다"라고 답할 만큼 자신의 원칙을 지키기 위해 노력하고 있다.

사실 고객에게 불편한 이야기를 하는 것도 어렵고, 누가 봐도 잘 팔릴 상품을 팔지 않는 것도 쉬운 결정은 아니다. 하지만 이러한 원칙들이 하나씩 쌓여간다면 단기적으로는 수익을 올리기 어려울지 몰라도 장기적으로 가장 큰 자산이 될 것이고, 궁극적으로 좋은 브랜드로 이어지지 않겠는가?

얼마 전 '인생 디자인 워크숍'이라는 프로그램에 참여할 기회가 있었다. 하루하루 바쁘게 살아가는 사람들에게 자신의 과거와 현재를 되돌아보고 앞으로의 인생을 잘 준비하자는 뜻에서 마련된 자리였다. 워크숍은 참가자들이 자기만의 정체성을 묻는 질문들, 즉 '너는 누구인가, 왜 존재하는가, 인생에서 추구하는 핵심가치는 무엇인가' 등에 대한 답을 찾는 것에서부터 시작되었다. 우리 삶에서 가장 중요한 것은 결국 자기다움이며, 이 워크숍에서도 현재의 문제를 진단하고 향후 방향성을 발견해가는 기준으로 자기다움을 활용하고 있었다.

이는 브랜드라는 개념이 기업의 제품이나 서비스만이 아니라, 다양한 조직은 물론 사람에게도 공통적으로 적용될 수 있음을 보여준다. 개인이든 기업이든 브랜드의 존재이유, 즉 '자기다움'을 찾는 것은 매우 중요하다. 내가 왜 이 사업을 하는지, 그리고 왜 나여야만 하는지, 'Why me'를 찾는 과정에서 드러나는 자기다움과 이를 통한 차별화. 이것이 스타트업 브랜드의 시작이자 끝이라 할 수 있다.

이 사업이 무엇인지
말할 수 있는
유일한 수단이 브랜드

셰어하우스 우주 | 김정현 대표

김정현 대표는 사회적 기업인 '우주'를 비롯해 4개의 회사를 창업한 연쇄창업가다. 또한 벤처투자도 병행하는 등 스타트업의 전 영역에서 활발한 활동을 펼쳐왔지만 정작 자신은 "어떤 사업을 해야겠다고 구체적으로 생각해서라기보다 사건사고들이 있어 이런 걸 해결해보자고 시작된 경우가 많았다"고 말한다.

'셰어하우스 우주'는 어떻게 시작하게 되었나요? 우주를 창업하기 전 보청기를 만드는 딜라이트도 창업하셨는데 연속해서 창업하는 이유는 무엇인가요?

딜라이트를 창업, 성장시켜 회사를 더 잘 운영할 수 있는 곳에 매각한 후에, 함께 일했던 구성원들과 '우리가 더 잘할 수 있는 것을 해보자'고 고민한 것이 우주의 출발점이었습니다. 딜라이트는 직접 보청기 생산 시스템을 만들어서 청각장애인들과 난청인들을 돕는 사회적 기업이었어요. 그러다 보니 미션의 대상이 주로 노인분들이어서 타깃을 오롯이 이해하기 어렵더라고요. 그 후에는 저희 또래의 고민이 무엇인지 찾는 데 중점을 뒀습니다. 그 결과 매달 나가는 주거비용에 대한 걱정이 등록금 걱정보다도 더 크더라고요. 청년들이 주거에 쓰는 비용

(사진 : 우주 제공)

이 가처분소득의 40%, 많게는 60~70%나 되는데도 주거 만족도는 낮은 편이었습니다.

이게 서울만이 아닌 도쿄, 홍콩, 맨해튼 등 대도시들이 공통적으로 겪는 문제일 텐데 그들은 어떻게 대응, 해결하고 있는지 조사해보니 '공동주거co-living', '셰어하우스share house' 등 용어는 다르지만 공용공간을 같이 쓰는 주거문화가 발달해 있더라고요. 물론 한국에도 하숙집이라는 개념이 있지만, 요즘 세대들이 살고 싶어 하지 않는 형태가 대부분이었습니다. 재미있게 살고 싶어 할 만한 주거는 없어서, 해외 사례를 스터디해서 저희가 살고 싶은 주거형태를 만들자고 해서 우주를 창업했습니다.

경제적 가치에
사회적 미션 더하기

특별히 사회적 기업을 강조한 이유가 있나요?

사회적 기업을 특별히 내세우겠다고 의도하지는 않았습니다. 오히려 제약도 많고 브랜드 확장성이 떨어지는 부분도 많고요. 일단 저의 개인적인 욕심이 앞섰던 것 같아요. 제가 일을 하는 근본적인 이유가 사회적 가치의 창출 혹은 사회적 문제의 해결이라 그런 부분들이 많이 강조되었던 것 같습니다. 이런 미션이 제 삶의 방향인 거죠. 하나 덧붙이자면 언론과 인터뷰할 때 언론의 속성상 사회적 기업이라는 메시지가 부각된 점도 있습니다. 하지만 분명 브랜드를 알리고 사업을 확장하는 데는 제약이 있습니다.

어떤 제약이 있나요?

사회적 기업이라는 용어에 함축된 메시지가 있잖아요. 우리가 흔히 아는 해외 브랜드 탐스Toms, 와비파커Warby Parker도 모두 사회적 기업이지만 좁은 의미의 사회적 기업이나 소셜벤처로만 인식되지는 않거든요. 넓은 의미의 사회적 기업으로 해석되죠. 그런데 한국의 경우는 사회적 기업이 '어려운 분들을 위한 곳이니 저희 제품을 사주세요'라는 것처럼 특별한 수혜가 존재하는 회사로 인식되더라고요. 그런 환경에서 사회적 기업이란 수식어가 브랜드에 입혀지면 오히려 혼란이 오죠. 커뮤니케이션에도 혼선을 주고 저희가 추구하는 사회적 가치를 설명하는 일이 명료하기보다 난해해집니다. 물론 모두 다 그런 건 아니고, 제가 일을 잘 못한 것일 수도 있습니다.

셰어하우스 시장에서 다른 경쟁사나 브랜드와 구별되는 우주만의 차별화된 가치나 경쟁력은 무엇인가요?

위워크WeWork 같은 공유오피스co-working 공간은 어느 정도 퀄리티만 유지하면 이슈에 대한 대응을 매뉴얼화, 단순화하기가 상대적으로 쉬워요. 반면 공동주거co-living는 개념이나 새로운 가치를 제공한다는 면에서는 비슷하지만 일터가 아닌 주거여서 여러 가지 사건사고가 다양하게 발생합니다. 이를 무조건 잘 해결하려면 비용이 너무 올라가는 문제가 있어서, 어떻게 조율하는지가 중요하거든요. 저희도 처음에는 어려웠어요. 단순화, 표준화, 매뉴얼화해서 합리적인 비용으로 거주자의 만족도를 유지하는 게 정말 어려웠죠. 무엇을 해야 하고 무엇을 하지 말아야 하는지를 이제는 알 수 있습니다. 겪을 수 있는 사건들을 다 겪어봤고 그것에 대처해온 데이터가 오랜 시간 축적되었다는 게 저희만의 강점인 것 같아요. 일단 가장 오래 했고 선발주자이기도 하고요.

저희의 경쟁력을 3가지 정도로 정리해보면, 첫째로 우주의 고객은 부동산 소유주와 실제 입주자로 나눌 수 있는데 양쪽의 관계에서 발생하는 많은 일들을 시스템화했다는 점입니다. 가령 거주일수에 따른 관리금 분배 등 신경 쓰기 귀찮은 일들이 편리하게 IT 시스템화돼 있어요.

둘째로 지점이 지금도 가장 많고 입주자들이 늘어나면서 입주자들끼리의 네트워크나 커뮤니티를 제공해줄 수 있고, 입주자 수가 많아지면서 이사할 때 생기는 문제를 해결하는 서비스가 경쟁사 대비 강점인 것 같아요.

마지막으로 '우주'를 플랫폼으로 본다면 구매전환력이 크다는 겁니다. 이사 등 집과 관련된 업체와 제휴하고, 실비보험도 판매할 수 있고, 학원이나 피부과 등과 제휴해서 합리적인 가격에 서비스를 제공하고 있어요. 기업들은 마케팅 비용을 줄일 수 있고, 입주자들은 합리적인 가격으로 이용할 수 있는 플랫폼이죠. 결국 우주는 플랫폼이자 커뮤니티인 셈입니다.

'우주'라는 이름은 어떻게 짓게 됐나요?

처음에는 거주 문제를 해결하기 위해 옥탑방을 활용하자는 아이디어로 출발했고, 이름도 '프로젝트 옥'이었습니다. 하지만 법률상 옥탑방이 불법인 경우가 많아서 사업모델을 바꾸게 되었습니다. '프로젝트 옥'이 당시에는 셰어하우스 컨셉은 아니어서 전반적으로 브랜드명과 사업모델을 바꾸게 된 거죠.

이름은 '우주(집 宇, 집 宙)', '우리들의 집(함께 사는 형태이다 보니 셰어하우스)'에서 착안해서 짓게 되었고, 또한 전형적으로 살던 집과는 다른 방식이니, 이것을 우주와 지구로 나누어보자는 뜻에서도 우주라고 지었습니다. 그런데 포털에서 검색했을 때 가장 위에 나오는 게 좋잖아요. 우주라는 이름은 보통명사여서 검색해도 상위에 나오지 않을 거라는 점에서 고민이 많았지만, 의미와 이름이 멋있어서 그냥 밀어붙였습니다.

우주 하우스에 가보았는데 '우주 37호' 같은 외부 간판이 없고, 전혀 브랜드가 드러나 있지 않더라고요. 거주공간도 마찬가지고요. 브랜드적 관점에서는 시각화, 비주얼이 중요한데 그에 대한 생각은 어떤가요?

처음부터 굳이 우주를 드러내기보다는 기본적인 톤앤매너 정도만 통일성을 꾀하려 했어요. 지금까진 그렇지만 앞으로는 조금 고가의, 방을 같이 쓰지 않는 독립룸 형태의 셰어하우스도 계획 중이라 그 시점이 되면 브랜드를 이원화해야 하나 고민도 하고 있습니다.

아직까지는 합리적인 가격에 많이 신경 쓰고 있어서 기본적으로는 사회적 기업이라는 방향성에 어울리는 이미지, 따뜻함이나 편안함, 그리고 쿨하기보다는 약간 가벼운 재미와 아기자기함을 느낄 수 있도록 디자인 방향성을 잡고 있습니다. 조금 모호하게 들릴 수도 있겠지만, 너무 브랜드를 강조하기보다 우리가 제공하는 서비스를 브랜드가 은은하게 감싸는 형태랄까요. 타깃과 연관해 생각해보면, 초기 타깃은 대학생이었는데, 지금은 직장인이 늘어나고 있어서 비주얼 이미지도 새롭게 변화해야 하지 않을까 고민입니다.

우주 19호점 내부 (사진 : 우주 제공)

다양한 경쟁업체나 후발주자가 많이 생겨나는 셰어하우스 시장에서 우주를 상
위 브랜드로 성장시켜 오셨잖아요. 김정현 대표님이기 때문에 이 사업을 성장시
킬 수 있었던 'Why me'가 있었을까요?

자칫 자랑 같아서 말하기 조심스럽지만, 가장 중요한 것은 셰어
하우스 시장이 커질 거라고 봤습니다. 그래서 마켓이 만들어지고 성
장하기 전에 시작했고요. 사회적 미션을 추구했지만 반드시 경제성
이 있어야 하고, 성장하는 시장인지가 가장 중요하다고 봤습니다. 당
연한 말이지만 시장이 성장하면 같이 성장하는 이점을 누릴 수 있
으니까요. 그래서 시장을 선점하기 위해 '우주'를 시작했습니다.

저(김정현)이기 때문에 성장시킬 수 있었던 'Why me'는 두 가지

인 것 같습니다. 먼저, 감사하게도 제가 사업을 한다고 하니 시장이 생기기 전인데도, 김정현이 하면 망하지는 않을 거라는 믿음을 갖고 투자해주신 분들이 있었습니다. 다른 분들보다 상대적으로 자본 면에서 여유를 갖고 선제적으로 베팅한 것은 확실합니다.

두 번째로는 제가 사업을 한다는 사실 자체에 기본적인 관심을 가져주신 덕분입니다. 그건 득이 될 수도 있고 독이 될 수도 있다고 생각하는데요. 김정현이란 사람이 이런 사업을 한다는 사실을 언론에서 기사를 써주고 홍보해주어서 초기에 큰 마케팅 비용을 들이지 않고 파워풀하게 알릴 수 있었던 점이 '우주'에 어느 정도 직접적인 기여가 된 것 같습니다. 과거 창업했던 경험도 분명 도움이 되었고요. 꼭 셰어하우스가 아니어도 일반적인 회사를 운영하면서 일어나는 이슈들에 대해서는 경험이 있으니 시행착오를 조금은 줄일 수 있었습니다.

입주자 분들은 '우주'를 어떻게 생각하는지 궁금합니다. 우리 브랜드를 사용하고 좋아하는 사람들이 모인 커뮤니티(온·오프라인)가 있나요?

크지는 않지만 팬덤 같은 것이 있는데 기본적으로는 저희가 사회적 기업이라는 게 알려져서인지 합리적 가격 등 '가성비' 측면에 초점이 맞춰진 면이 있습니다. 일단 집이 필수재이다 보니 가성비가 좋다는 반응이 많고요. 또한 나름대로 디자인에 신경을 많이 쓰는 터라 '디자인을 가장 예쁘게 잘한다'는 말씀도 많이 해주십니다. 합리적인 가격도 중요하지만 이외의 것들도 강조하고자 합니다. 특히 여성분들은 '예쁜 집'을 정말 중요하게 생각하거든요.

20대 초중반 여성들이 예쁘고 아기자기한 집에 대한 로망이 더 크다는 점을 확인할 수 있었고요. 현재 우주에는 이런 타깃이 좋아할 법한 것들이 많이 녹여져 있습니다. 인스타그램에 올리고 싶은 집, 예쁜 집으로 인식돼 있고, 여기에 가성비까지 더해져서 더 좋아하는 것 같습니다. 저희도 인스타그램에 올리고 싶은 예쁜 디자인의 집과 적절한 품질 두 가지를 모두 욕심내고 있습니다.

사회적 기업도 지속적인 성장이 필요하잖아요.

경영적인 관점에서는 '우주'의 모델로 지속적으로 돈을 벌 수 있다고 봅니다. 사회적 기업에 대한 일반 사람들의 오해가 있을 수 있는데, 사회적 기업이니 돈을 안 벌겠다는 것은 아닙니다. 저희는 적극적으로 돈을 벌겠다는 입장인 동시에 사회적 문제를 해결하는 것도 병행하고 싶습니다.

지속성장을 위해 강조하고 챙기는 부분이 있다면요?

'우주'의 사업모델에서 수익을 내는 것의 기본 가정은, 저희가 만들어내는 집을 사람들이 좋아해야 하고 그래서 집을 만들면 바로 임차인이 들어와야 하는 것, 즉 공실 없이 저희가 정한 가격에 하루라도 빨리 입주되는 것이 수익률을 높이는 길이거든요. 그 상태를 유지하려면 결국 사람들이 지속적으로 '우주'를 좋아해서 오고 싶어 해야 하고요.

주요 수익모델은 '셰어하우스를 저희에게 맡겨 운영하는 편이 더 수익이 높다'고 설득해서 아주 작게는 인테리어부터 시작해 집을 만들어주는 것, 크게는 빌딩을 지어서 수익을 내거나 운영만 대행해주고 수수료를 받는 것 등 다양합니다.

지속적인 성장을 위해 '우주'에 오고 싶어 하도록 만들어야 한다고 하셨는데, 셰어하우스에서 브랜드가 중요하다고 생각하십니까?

가격, 위치, 집 상태도 정말 중요하지만 브랜드 역시 중요하다고 생각합니다. '나 우주에 살아'라는 말이 함축적인 의미를 갖도록, 그런 브랜드 자산을 쌓기 위해 고민을 계속하고 있습니다. 똑같은 셰어하우스라도 '우주'가 붙어 있으면 인식이 달라질 수 있도록요. 예를 들어 아파트도 래미안, 자이 등이 있듯이 하드웨어적인 것에 소프트웨어적인 것을 결합해서, '우주에 산다는 것'의 의미를 지속적으로 개발하고 있습니다. 설령 다른 부분이 부족하더라도 우주라는 브랜드 때문에 의사결정이 이루어질 수 있으니까요.

브랜드 이원화를 고민하는 이유도, 이러한 의사결정이 이루어지도록 하려면 20대 후반~30대의 구매력 있는 직장인들을 대상으로 해야 더 수월하다고 보거든요. 우주의 서브브랜드 또는 별도의 브랜드를 만들기 전에 지금은 현대카드처럼, '우주인(입주자)'들만 할 수 있는 뭔가를 만들고 늘려가고 있습니다.

우주 브랜드 자체를 살아보고 싶은 브랜드로 만들기 위해 콜라보 작업도 하고 있습니다. 예를 들어 '우주 하우스 by 장진우', 연예인들과의 작업, 다른 브랜드와의 콜라보레이션 등 플랫폼을 활용하는 다양한 브랜드적 고민들을 하고 있어요. 지금 내가 사는 집이 '우주'가 아니더라도 기대 이미지를 심어줄 수 있는 거죠.

확산을 추구하는 것이 스타트업의 DNA

대표님이 생각하는 스타트업의 정의는 무엇일까요? 넓은 의미에서 IT 기반이 아니어도 스타트업을 다른 방식으로 일하는 사람들이나 새로운 라이프스타일을 제시하는 사람들이라고 볼 수도 있으니까요.

IT로만 한정하는 것은 확실히 잘못된 것 같긴 합니다. 포괄적으로 이야기하자면, 기본적으로는 스케일업$^{scale\ up}$이 가능한, 예컨대 가게 하나 하는 것을 스타트업이라 하기는 어렵지만, 비즈니스를 위해서건 가치나 문화를 위해서건 확산하려 한다는 점이 스타트업의 공통점이라고 봅니다. 회사규모, 제품 판매량, 서비스 이용자수 등 여러 관점에서의 확산이겠고요.

또한 굉장히 넉넉한 자원과 환경 아래서가 아니라 조금은 모험적으로 사업을 해나가는 것도 스타트업의 공통분모일 듯합니다. 아주 안전한 현금흐름이 만들어지는 형태보다는 리스크가 있고, 사업 자체도 조금 그러한 업. IT가 그런 속성이 많아서 그렇게 인식되는 것 같습니다. 하지만 IT에 국한할 수는 없겠죠.

대표님이 생각하는 브랜드란 무엇인가요?

개인적으로 센스가 부족한 편이어서 주변의 도움을 많이 받는 스타일이거든요. 그래서 브랜드를 논하는 게 부끄럽긴 하지만, 스타트업에 브랜드만큼 중요한 것은 없다고 생각합니다. 개인적으로 사업을 하는 데 가장 중요한 요소는 사람과 돈과 브랜드라고 생각해서 이 셋을 어떻게 믹스할 것인지 건드릴 것인지 늘 고민합니다. 굳이 정의하자면 '사업이 곧 브랜드'라고 표현하는 게 가장 정확하다고 봅니다. 비즈니스 관점에서 보면 '사업이 무엇인지 이야기하는 유일한 수단 혹은 언어'가 곧 브랜드라고 생각합니다.

시작하는 창업자들에게 들려주고 싶은 말씀이 있다면 부탁합니다.

창업자는 능동적이고 주도적으로 인생을 살아가려는 사람이라는 전제 아래 하는 이야기이고요. 자기 사업은 정말 힘든 일이지만 성공, 실패의 여부와 상관없이 내 사업을 하고 내 브랜드를 만들어본다는 것은 무엇보다 값진 경험이라 생각합니다. 사업 혹은 브랜드를 만들어서 커뮤니케이션해본다는 것은 아주 독특하고 귀한, 많은 배움을 주는 경험이에요. 인생에서 영원히 사업가로 살라는 건 아니지만, 다른 어떤 경험에서도 얻지 못하는 파워풀한 그 무엇이 있으니 너무 위험하지만 않다면 한 번은 시도해봤으면 싶습니다. 사업을 해서 10명 중 성공한 한두 명에 내가 들어가지 못한다 해도, 사업을 하면서 배우고 성장하는 성취감만큼 대단한 경험은 굉장히 드물 테니까요. 다른 커리어를 쌓는 것도 중요하겠지만 실패해도 얻는 것이 많아서 ROI가 높은 것이 사업이라는 걸 알았으면 좋겠습니다. 인생에 꼭 한 번은 경험해보시길 바랍니다.

졸업 후 바로 창업하는 것과 회사를 몇 년 다녀본 후 창업하는 것 중 조언을 해준다면?

가장 이상적인 것은 학교 다닐 때 한 번 창업해보기를 권합니다. 물론 성공률은 낮을 수 있습니다. 대신 기한을 정했으면 좋겠습니다. 6개월이든 1년이든 기간과 지표를 정해서 이를 달성하지 못하면 바로 방향을 바꾸는 형태로, 그리고 절대로 빚을 지지 않는다는 전제하에서요. 그런 창업은 의미가 있다고 봅니다. 이렇게 재학 중에 사업을 한 번 경험해보고 직장생활을 한 다음 사업을 하는 것이 가장 이상적이라고 봅니다. 직장생활을 할 때에도 짧은 사업경험을 통해 '무엇이 부족하고 무엇을 배워야 하는지' 인지한 상태에서 회사에 들어간다면 자신에게 부족한 부분을 채울 수 있다고 보거든요. 어학연수나 외국어점수 같은 스펙보다는 창업의 경험이 더 의미 있을 수 있다고 생각합니다.

3

비주얼과 디자인으로
이야기하라

"보기 좋은 떡이
당연히 먹기도 좋다"

집중해서 해야 할 일이 있어 가족들의 양해를 구하고 주말에 잠시 조용한 곳에 다녀오겠다고 하니 어디로 갈 거냐고 아내가 묻는다. 생각해둔 지역의 숙소를 이야기하니, 잠시 후 "아, 거기 봤어, 좋던데"라며 반응해왔다. "가본 적 있어?"라고 물으니 "아니, 인스타 찾아봤어"라고 대답한다.

　　사람들이 인스타그램 피드를 보고 '좋아요'만 누르는 것을 넘어 이제 정보 검색용으로 활용한다는 사실은 알고 있었지만, 30대 중반의 평범한 워킹맘인 아내도 그렇다는 것을 알고 나니 새삼 실감되었다. 디지털과 어느 정도 거리를 유지하는 사람들도 다른 이들이 포스팅한 사진을 보며 정보를 파악하고, 즉석에서 '좋다, 별로다'라고 판단하는 것이다.

　새로운 정보를 찾는 방식이 확실히 바뀌고 있다. 네이버나 다음 같은 포털을 검색해 관련 기사나 블로그를 통해 정보를 얻던 것에서 유튜브 같은 동영상으로 창구가 넘어갔다가, 이제는 인스타그램의 해시태그 검색으로 빠르게 전환되고 있다. 인스타그램에는 체계적이고 분석적인 정보도 없고, 다양한 미사여구를 동원한 감성적인 리뷰도 많지 않다. 다만 어느 채널보다도 공들여 찍은 멋진 이미지들이 넘쳐난다. 이제 기나긴 텍스트가 아니어도 '한 장의 사진'을 통해 대중의 취향과 유행을 빠르게 캐치할 수 있는 시대가 된 것이다.

　개인뿐 아니라 기업이나 브랜드도 사람들의 눈길이 머무는 '찰나의 순간'을 위해 비주얼을 적극 활용하고 있다. 영리한 브랜드들은 제품 '한 컷'을 통해, 그 브랜드가 추구하는 방향이 무엇인지를 보여준다.

　오랜만에 모이는 가족과의 저녁식사를 위해 온라인 마켓에서 '소고기 업진살'을 검색하고 확인하니 두 이미지가 보였다. 당신이라면 어느 쪽 고기를 주문하고 싶은가? 물론 구매를 결정하는 데에는 여러 요인이 작용하겠지만, 많은 사람들이 단순히 생고기만을 보여주는 오른쪽보다는, 보기만 해도 기분이 좋아지는 구운 고기를 연출한 왼쪽 이미지에 관심을 보일 것이다. 이 사진은 마켓컬리의 이미지로, 음식의 매력적인 비주얼이 가격이나 품질, 배송시간 못지않게 중요한 구매요인이 되고 있음을 보여준다.

두 온라인 마켓이 소고기를 판매하는 방식

    물론 앞에서 소개한 것처럼 마켓컬리의 성공요인이 아름다운 비주얼만은 아니다. 밤 11시까지 주문하면 다음 날 오전 7시 전에 배송해주는 '샛별배송', 한우 브랜드인 '본앤브레드'나 무화과호밀빵이 늘 매진되는 '오월의 종'처럼 특화된 상품을 갖추었다는 점을 비롯해 마켓컬리의 장점은 다양하다.

    그러나 브랜드 관점에서 보자면, 마켓컬리의 비주얼 머천다이징 VMD, Visual Merchandising 전략에 주목하지 않을 수 없다. '판매하는 제품을 어떻게 보여주는가'라는 기준으로 볼 때 마켓컬리만큼 경쟁사와 차별화되는 전략을 구사하는 업체를 찾기 쉽지 않다. 같은 상품이라도 사진 연출이 다르다. 일반적인 온라인 마켓이 구이용 소고기를 팔 때 마블링에 초점을 맞춘 생고기만 보여준다면, 마켓컬리는 '근사하게 차려낸 저녁식탁'이라는 프레임을 통해 질 좋은 고기가 어떤 것인지를 자연스럽게 연출한다. 이들의 상품사진은 고객에게 자기네 소고기를 구매하면 이렇게 맛있는 고기를 먹을 수 있다는 기대감을 갖게 한다. 사진 한 장으로도 구이용 고기를 구매하는 것 이상의 가치를 전달할 수 있다는 것이다.

'우리는 디자이너가 없는데?'

시선이 한 번 더 머물게 하는 명확한 비주얼 체계(이미지와 사진이 보여지는 형태)와 차별화된 디자인은 경쟁사 대비 우리 제품을 매력적으로 보여주는 장치임에 틀림없다. 더구나 스타트업이라면 대기업처럼 제품이나 서비스의 우수성을 알리기 위해 물량공세하는 마케팅을 펼칠 수도 없으니, 매력적이고 재미있는 디자인으로 존재감을 드러내는 것이 시간적으로도 경제적으로도 유리하다.

크래프트 맥주를 만드는 스타트업인 더부스가 그러한 예다. 최근 수제맥주를 즐기는 사람들이 늘어나면서 크래프트 비어 스타트업이 투자자들의 주목을 끌고 있다. 주류업에 발을 들인 경험도 없는 외신 기자와 금융맨, 한의사 출신이 모여 창업한 것으로 화제가 된 더부스도 그중 하나다. 성장세가 가파른 시장일수록 경쟁이 치열한 것은 당연한 일. 더부스는 맥주 자체의 맛이나 다양한 포트폴리오 등

국립극장의 〈제인 에어〉 공연을 기념으로 콜라보한 더부스의 '제인에어엠버에일'과 민음사와 콜라보한 《제인 에어》 책표지 (사진 : 더부스 제공)

에서도 강점이 있지만, 이를 강조하기보다는 자사의 브랜드 아이덴티티인 'Follow your FUN'을 나타내는 맥주병 라벨 및 패키지 디자인으로 차별화를 꾀했다. 시선을 끄는 디자인과 맥주별로 다른 컨셉을 구현함으로써 브랜드 이미지를 만들어가는 것이다.

이를 위해 더부스는 암스테르담에서 활동하는 소냐 리Sona Lee라는 일러스트레이터와 콜라보레이션하여 대부분의 비주얼 및 디자인 작업을 진행하고 있다. 더부스의 매력적인 라벨 디자인이나 매장 포스터는 크래프트 맥주를 잘 모르거나 접해보지 않은 20~30대 젊은 여성층에게 크게 어필하여 더부스를 다른 맥주 브랜드와 차별화하는 데 공헌했다.

콘텐츠 회사 72초TV와 콜라보레이션하여 만든 'Rye IPA'와 방송인 노홍철과 함께 만든 맥주, '긍정신 Red Ale' (사진 : 더부스 제공)

　　또한 더부스와 잘 어울리는 브랜드, 콘텐츠, 연예인 등과 다양한 콜라보레이션을 진행하며 차별화를 가속화하고 있다. 〈72초〉, 〈오구실〉, 〈두 여자〉, 〈바나나 액츄얼리〉 등 짧은 오리지널 영상 콘텐츠로 인기를 끌고 있는 '72초TV'와 콜라보레이션하여 신규 맥주를 출시하고 새로운 라벨 디자인 및 관련 굿즈Goods, 팝업 스토어 등을 선보였다. 방송인 노홍철과는 '긍정신 Red Ale' 맥주를 출시해 브랜드의 매력을 부각시켰다. 이처럼 다양한 콜라보레이션과 이를 반영한 비주얼 아이덴티티는 더부스만의 차별화된 이미지들을 다양하게 풀어내는 또 다른 장치가 되고 있다.

경영과 디자인이 접목되는 사례가 늘고 디자인의 중요성이 널리 인식되면서 최근에는 디자이너가 직접 창업하는 사례도 늘고 있다. 배달의민족을 만든 김봉진 대표가 대표적인 예다. 아니면 프릳츠처럼 디자이너를 초기부터 직원으로 채용하는 스타트업도 있다. 더부스처럼 외부에 전략적 파트너를 두는 것도 좋은 방법이다. 그만큼 비주얼 전략에 비중을 두고 투자한다는 뜻일 터다.

그러나 여전히 대다수의 스타트업은 제품이나 서비스를 준비해놓고는 그제서야 부랴부랴 도와줄 디자이너를 찾곤 한다. 그도 여의치 않으면 울며 겨자 먹기로 창업자들이 직접 사진을 찍어 소셜미디어에 올리고, 봐줄 만한 이미지를 만들어보려고 동영상 강의를 듣기도 한다. 그러나 과연 회사의 비주얼 전략을 그렇게 임기응변식으로 추진해도 될까? 점점 이미지가 중요해진다고 하고 우리도 남들처럼 멋진 이미지를 연출하고 싶은데, 축적된 노하우나 자원이 없는 스타트업의 고민이 깊어지는 대목이다.

당신이 이런 상황이라면 무엇부터 해야 할까? 비주얼이 중요하다고 하면 매력적인 제품 사진을 찍거나 이미지 만드는 것을 먼저 떠올리는데, 이를 넘어서서 회사의 전체적인 비주얼과 관련해서도 일관된 전략을 취해야 한다. 내부에 디자이너가 있거나 창업자가 디자이너라면 쉽게 접근할 수 있겠지만, 그렇지 못하다면 최소한 다음 사항만이라도 먼저 챙겨야 할 것이다.

어떤 컬러가 더 매력적인지 논하기 전에 우선 우리 제품, 서비스의 이미지와 가장 유사하다고 생각되는, 브랜드 아이덴티티를 잘 나타낼 수 있는 대표 컬러를 선정하자. 페이스북은 파란색, 넷플릭스는 빨간색, 카카오는 노란색, 배달의민족은 민트색 등이 떠오른다. 이들처럼 당신 회사의 대표 컬러를 정해 일관성 있게 보여준다면 브랜드 이미지도 강력해지고, 고객들 역시 당신의 브랜드를 보다 쉽게 기억할 수 있을 것이다.

일약 글로벌 콘텐츠 기업으로 도약하고 있는 스마트스터디 역시 대표 컬러를 잘 활용한 사례다. 그들의 대표적 캐릭터인 '핑크퐁'은 뽀로로의 차세대 주자로 불리는 분홍색 여우다. 스마트스터디 박현우 대표는 캐릭터의 컬러로 흔히 쓰지 않는 '핫핑크'를 택한 이유를 다음과 같이 말한다.

"저희는 핑크가 성별이나 지역을 넘어 하나의 상징으로 표현될 수 있는 색상이라 보았습니다. 핑크팬더 정도 말고는 핫핑크로 표현된 캐릭터는 없었던 것 같습니다. 저희는 작은 기업이고 새롭게 시작하는 입장이었기에 가장 먼저 선택해야 하는 것은 '다름'이었어요. 그 다름을 만들어내기 가장 좋은 컬러가 핑크라고 생각한 거죠. 핑크가 과거에는 여성성의 상징으로 통용되었다면, 최근의 핑크는 그 자체로 트렌디한 컬러인 것 같습니다. 사람들의 인식이 과거와 달라진 만큼, 다른 캐릭터와 구별되면서도 인지하기 쉬운 색상인 핑크를

계속 밀어붙였습니다. 사실 너무 튀고 인쇄물 등으로 구현하기 어려운 컬러여서 내부에서도 톤다운하자는 의견이 있었습니다. 하지만 '다름'을 놓치는 순간 평범한 캐릭터로 내려올 수 있다는 생각에 계속 밀어붙였습니다."

캐릭터에 핫핑크를 잘 쓰지 않는다는 고정관념을 버린 스마트스터디의 전략은 결과적으로 성공했고, '핑크퐁'이라는 기억하기 쉬운 이름까지 얻었다.

'어린 왕자'와 '사막여우'에서 모티브를 얻고, 핫핑크로 차별화를 준 '핑크퐁' 캐릭터

둘째, 대표 폰트를 선정하여 일관되게 사용하라

국내기업에서 전용폰트를 개발해 사용하기 시작한 사례는 현대카드의 유앤아이You and I체가 대표적이다. 디자인 회사가 아니면서 전용폰트를 개발한 것은 그만큼 브랜드 아이덴티티를 구현하는 데 폰트가 중요하다는 사실을 현대카드가 깊이 인식했다는 뜻이다. 더욱이 폰트 개발 소식을 적극적으로 알려 그 자체가 훌륭한 브랜드 홍보수단이 되기도 했다.

이를 두고 대기업에서나 할 수 있는 시도라고 생각하는 시각도 많았다. 그러나 최근에는 기업의 규모나 업종을 가리지 않고 브랜딩

과 디자인에 관심을 갖는 기업들이 자사의 브랜드 철학을 담은 자체 전용폰트를 만들기 시작했다. 대표적 예가 배달의민족이다. '한나체', '주아체', '도현체' 등을 잇달아 개발해 사용할 뿐 아니라 아예 무상으로 배포해 누구나 쓸 수 있게 했다. 무심코 쓰는 폰트지만 브랜드 노출과 이미지를 각인시키는 데 매우 효과적이다.

물론 모든 회사나 브랜드가 자기만의 폰트를 만들어야 하는 것은 아니다. 회사나 특정 브랜드의 전용폰트를 만드는 것은 비용이나 시간적으로 많은 자원이 필요하므로, 기존 서체 중 자신의 브랜드와 가장 잘 어울린다고 생각되는 폰트를 정해 모든 내부 문서 및 외부 커뮤니케이션 채널에 일관되게 쓰는 방법도 추천하고 싶다. 특정 폰트를 지속적으로 사용하는 것만으로도 소비자들에게 '이 브랜드는 이런 느낌'이라는 이미지를 전달할 수 있으며, 이는 강력한 브랜딩을 위한 시작이기도 하다.

셋째, 비주얼 가이드라인을 반드시 만들자

스타트업이 고객이나 사용자를 만나는 접점은 대부분 디지털 환경이므로, 회사의 공식적 커뮤니케이션을 위한 템플릿이나 가이드라인이 반드시 필요하다. 공지 및 알림, 제품 및 서비스 소개, 채용공고 등 다양한 콘텐츠나 메시지를 전달할 때 기본적인 디자인 프레임이나 가이드라인을 활용하면 훨씬 명확하고 체계적으로 관리할

'코리안 빈티지'라는 컨셉 하에 만들어진 프릿츠 로고

수 있다.

이는 고객 접점뿐 아니라 거래처 및 내부 커뮤니케이션에도 유용하게 활용할 수 있다. 특히 우리의 비주얼 아이덴티티를 대신 구현해주어야 하는 디자이너와 작업할 경우 우리가 어떤 컨셉을 지향하는지, 우리 브랜드의 느낌은 어떠한지를 구체적으로 그려줄 필요가 있다. 디자이너와의 커뮤니케이션을 어려워하는 경영자들이 의외로 많은데, 구체적으로든 막연하게든 본인이 자신의 브랜드에 대해 가지고 있는 상像을 최대한 설명할 수 있어야 한다. 프릿츠의 김병기 대표는 내부에 구체적인 디자인 가이드는 없고 최종 판단은 자신의 감感으로 한다고 말한다. 일견 방향성이 없는 모호한 상태처럼 보이지 않는가? 그럼에도 프릿츠에는 '코리안 빈티지Korean Vintage'라는 명확한 방향성과 취향이 있고, 이것이 디자인 가이드가 되었기에 지금의 멋진 로고와 매장을 구현할 수 있었다.

전문적인 디자인 툴을 다루지 못한다면 파워포인트나 키노트 등으로 카드뉴스 같은 기본 템플릿을 만들어보길 추천한다. 물론 템플릿을 개발할 때에도 회사나 제품의 브랜드 아이덴티티와 연계해 일관성 있게 커뮤니케이션하는 것을 잊지 말아야 한다.

모든 건 디자인…
디자인에는
확장성이 있다

프릳츠커피컴퍼니 | 김병기 대표

스페셜티 커피 브랜드인 프릳츠는 2015년에 7명이 창업한 스타트업이다. 김병기 대표는 이곳의 브랜드 디렉터이자 바리스타이며, 전세계를 누비며 커피 생두를 구입하는 역할도 한다. 사람들에게 이곳은 멋진 커피맛과 개성 있는 매장, 그리고 어디서든 눈에 띄는 '물개로고'로 알려져 있다. 스타트업 중에서는 드물게 창업 초기부터 내부에 디자이너를 둔 회사이기도 하다.

내공이 보통이 아니신 것 같았어요. 원두 산지에도 직접 다니시고요.

선택이 아니라 필연인 것 같습니다. 더 잘하고 싶고, 더 나아지고 싶어서 필연적으로 하는 거죠. 커피는 재료에 관심을 가질 수밖에

(사진 : 프린츠 제공)

없거든요. 요리사와 비슷해서 저희가 다루는 식재료에 자연스럽게
관심을 가지면서 산지도 나가고 해외 친구들하고도 교류하는 거죠.
다른 스타트업이나 IT기업들이 그럴지 모르겠지만, 커피도 헤게모니
가 해외에 있어요. 특히 크게 보면 미국하고 북유럽 정도요.

프린츠가 한국 스페셜티 시장에서 이것만은 달랐으면 좋겠다 하는 차별화 전략
이 있나요?

굉장히 고민스러운 질문이에요. 사실 저희는 보편적인 가치를 추
구하거든요. 저희의 큰 가치, 이념 같은 게 있다면 '기술자가 인간답

게 일한다는 것' 정도예요. 요식업은 아무래도 굉장히 노동집약적인 산업이거든요. 부가가치가 다른 산업에 비해 높지 않고, 커피 한 잔이 손님에게 나가려면 사람 한 명이 필요하고 두 잔이 나가려면 두 명이 필요한 산업이에요. 상대적으로 요식업계에서는 노동에 대한 처우가 개선되기 쉽지 않죠. 업주나 오너들의 잘못이라기보다 산업 구조 자체가 그렇습니다. 커피 한 잔을 1만 원에 팔 수 있으면 괜찮겠지만 노동집약적 산업의 특성상 어려움이 있지요. 그럼에도 이 길을 택한 사람들이 꾸준히 할 수 있는 이유는, 그런 어려움을 알고 들어왔기 때문이거든요. 내가 이 일을 하면 아주 큰 집, 아주 좋은 자동차를 탈 가능성이 높지 않다는 걸 알고 들어왔지만, 그럼에도 인간답게 살 수 있는 가치를 포기할 수는 없잖아요. 대단한 가치라고 생각하진 않아요. 그저 법으로 정해진 것들을 지켜나가는 거니까요.

그런 가치가 궁극적으로는 고객에게 전해지겠지만, 굳이 분류하자면 내부적 가치라 할 수 있잖아요. 고객들이 느낄 이곳만의 가치는 무엇일까요?

사실 저희가 생각하는 가치가 '옳다, 그르다'나 '좋고 나쁘다'는 개념처럼 들릴까 봐 말하기 조심스러운데요. 여집합이 마치 나쁜 쪽이 되는 것 같아서요. 저희는 내부적으로 성실하게 일해서 좋은 결과를 만들어가는 게 고객들에게 잘 전달될 거라고 믿어요. 지금 제가 드린 커피 한 잔이라는 결과물을 훌륭하게 잘 만들기 위해 노력하는 것, 그런 토대를 만드는 게 중요하다고 믿습니다.

커피라는 제품, 맛에 조금 더 초점을 맞추셨군요.

빵과 커피요. 드러나는 결과물이고, 맛이요.

'커피가게인데 빵도 맛있네'라는 느낌보다는 빵과 커피가 50대 50인 거네요.

네. 하지만 내부적인 기조이고요. 소비자들이 어떻게 느끼셔도 좋습니다. 어떤 형태로든 즐겨주시는 분들에게 노출되고 같이 살아갈 수 있다면 어떤 식으로 노출되어도 괜찮습니다. 지금 드시는 커피가 전 세계 최고 수준의 프로세싱을 거친 커피예요. 이런 걸 드러내서 커피 하는 사람으로서 이름을 높일 수도 있겠지만 그렇게까지 하고 싶진 않고요. 커피가 잘되어서 회사에서 빵 만드는 친구들이 더 좋은 오븐을 살 수 있다거나, 멋지게 빵을 만들어서 커피 하는 친구들에게 도움이 된다거나, 둘 다 시너지를 낸다면 괜찮습니다.

디자인 가이드라인은
'코리안 빈티지'

많은 분들이 디자인에 대한 이야기를 하는데 어떻게 생각하세요?

모든 건 디자인입니다. 생두를 사러 가면 에스프레소 추출을 하면서 맛을 떠올려보거든요. 이 역시 넓은 의미의 디자인이라고 봅니다. 모든 요소에는 디자인이 들어가 있다고 생각하고, 프릳츠를 만들

때 겉으로 드러나는 요소로서의 디자인도 중요하다고 봤어요. 확장성이 있더라고요. 작은 회사는 마케팅에 쓸 자금, 여력이 없어요. 그 돈이 있으면 더 좋은 식재료를 살 것 같아요. 그래서 확장력이 중요하죠. 더 많은 분들에게 사랑받아야 더 좋은 재료를 사고, 동료들이 휴가를 가고, 저도 아내와 더 좋은 시간을 보낼 수 있잖아요.

이름이나 로고 작업에 대한 이야기가 궁금합니다.

이름은 큰 의미는 없어요. 아까 말씀드린 대로 저희는 기술자잖아요. 제가 커피를 좋아하는 진짜 이유는 커피는 '맛있어 보이는' 게 없어서예요. 맛있어 보이는 음식은 있잖아요. 예전에 유명 PD님과 바리스타 오디션 프로그램을 기획해보자고 이야기하다가, 결정적인 프로그램의 단점을 떠올렸어요. 커피는 시각적으로 구별되지 않아요. 전 그 점이 정말 좋거든요. 반드시 먹어봐야 맛을 알 수 있죠. 그런 게 진짜 커피의 매력입니다. 오로지 결과물에 집중하는 이유는 사실 그거예요. 결과물로만 판단할 수 있으니까요.

이름도 비슷한 선상에서 지었어요. 아무렇게나 지어도 된다는 생각으로요. 와서 드셔봐야 하니까요. 이름이 어떻든 저희가 하는 게 이름을 만들어간다고 생각했어요. 저희가 하는 행동이 그 이름을 대변하는 것이죠. 다만 비틀스처럼 고유명사화됐으면 좋겠다고 생각했어요. 이 단어를 들었을 때 우리를 떠올려줬음 좋겠다고. 가볍지도 않고 무겁지도 않고 영문 표기가 가능하며, 한국어로 표기했을

'코리안 빈티지' 컨셉이 살아 있는 프릳츠 티백커피 패키지와 머그 (사진 : 프릳츠 제공)

때 약간 낯선 느낌을 주고 싶다고 생각했죠. 프릳츠의 디귿 받침은 한글의 고어에서 쓰는 방식이잖아요. 처음엔 어색하더라도 우리가 만든 빵과 커피를 드시고 나면 이게 프릳츠구나 하고 느낄 테고, 프릳츠라고 들으면 맛있는 빵과 커피를 떠올릴 거고요.

> 1호점은 한옥이잖아요. 이름에도 고어를 넣었고요. 아까 커피의 헤게모니가 미국에 있다고도 했는데, 커피업계에서 한국적인 모습이 어떤 의미가 있나요?

커피라는 음식에는 태생적 한계가 있다고 생각했어요. 외국에서 온 거고, 특히 저희가 다루는 스페셜티 커피는 해외에서도 역사가 30년이 채 안 돼요. 신문물과 같은 것이죠.

하지만 한국 사람으로서 저의 아이덴티티를 드러내고 싶었습니다. 내가 한국에서 커피를 하는 것에 대한 의미, 지정학적 의미를 버리고 싶지 않았어요. 그게 매력적으로 보일 거라 생각했어요. 이를테면 서양악기로 한국적인 음악을 하듯이 말입니다. 경계선에 있는 것들. 서양의 문물을 받아들여서 한국적인 모습을 어떻게 펼쳐 나갈지에 대한 고민을 많이 하게 되었습니다.

디자인적인 부분. 물개 로고라든가 폰트 등은 어떻게 정하게 된 건가요?

디자인적으로도 한글 폰트를 좋아하고 한국적인 디자인을 사랑합니다. 커피를 본격적으로 즐기는 세대는 서양의 것을 더 좋아할지 모르지만, 저는 한국에서 한국 디자인을 드러내는 게 의미가 있다고 생각해요. 그래서 처음에는 한글 폰트로만 로고를 하고 싶었어요. 그런데 실패했죠. 디자이너가 너무 심심하다고, 뭐라도 넣어야 하는 것 아니냐고 강하게 주장했어요. 그래서 지나가는 말로 '그럼 아무거나 넣어라, 물개라도 상관없다' 했더니 디자이너가 그다음 날 정말 물개를 그려서 넣어왔습니다. '우연에 기반한 즐거움'이죠. 다만 그런 선택이 우발적인 거라고 생각진 않아요. 이름이 아무거나 상관없듯이, 로고가 물개인 것도 상관없다고 생각했어요. 왜냐하면 혹시라도 이걸 보고 '이게 무슨 뜻이지?'라고 하면 성공이니까요. 궁극적으로 우리 커피와 빵을 먹게 하는 것이 목적이기에 이러한 궁금증이 (고객을) 모셔오는 데 도움이 될 거라고 생각했어요. 아마 그날 디자이너가 호랑이나 냉장고를 그려왔어도 로고가 됐을지 몰라요. 전 세계에 훌륭한 로고는 정말 많은데, 모든 회사가 살아남느냐 하면 그렇지 않아요. 로고는 한 부분이고 모든 걸 대신해줄 수 없죠. 우리의 모든 제품과 서비스 공간을 경험한 후에 비로소 로고가 빛나는 것이지, 우리의 커피와 빵, 공간을 좋아하게 되는 과정에서 로고가 힘을 발휘한다고는 생각하지 않습니다.

취향이나 방향성이 있다고 해도 결국 기존과는 다른 것, 차별화된 걸 찾으려고 노력하신 거잖아요.

그건 그렇죠. 만약 자동차 회사나 식료품 회사나 세제회사에서 물개를 적극적으로 썼다면 하지 않았겠죠. 앞서 말씀드렸지만 기존과는 다른 것, 차별화된 것을 찾으려 했고 사람들이 물개를 떠올렸을 때 연상하는 다른 것(브랜드나 제품)이 있다면 결정하지 않았을 거예요. 프릳츠라고 들었을 때 유니크하다고 느꼈어요. 친근하다고 느끼는 건 전혀 고려하지 않았어요. 오히려 다소 불편하게 느끼면 더욱 좋다고 생각했어요.

다른 창업자들이 디자인팀 뽑는 걸 많이 반대했다고 들었는데요. 어떻게 관리, 운영하세요?

처음 디자이너를 뽑을 때는 빵과 커피를 만드는 회사인데 디자이너가 필요한가에 대한 고민이 있었어요. 저는 그 직종도 '기술자 공동체의 일원'으로 바라봤고, 훌륭한 기술을 가졌고 공동체 의식이 있다면 같이 갈 수 있다고 믿었고요. 그분들이 오셔서 저희를 풍부하게 해줄 거라 믿었어요. 밴드음악 할 때 그렇거든요. 그냥 베이스랑 기타랑 드럼만으로도 할 수 있는데 건반이 들어가면 풍부해지거든요. 이것과 같다고 생각했습니다. 두 명의 인하우스 디자이너가 있는데, 디자인팀을 운영하는 큰 기조는 '디자이너가 디자인하고 싶은 걸 디자인한다'이고요. 그들이 기술자로서 더 나아지고자 하는 자세를 갖추고 있다고 믿어요. 그런 분들을 모셨다고 믿습니다.

하지만 디자인이라는 건 취향이잖아요. 누군가는 물개가 아닌 수달이 좋을 수도 있고, 같은 물개라도 빨간 물개나 파란 물개가 있잖아요. 가이드가 따로 있나요?

디자인 가이드는 따로 없고, 좀 부끄럽지만 최종결정은 대표인 저의 감각에 의존해서 하고 있습니다. 다만 새로운 시안을 해야 하면 반드시 그 이유에 대해서는 설명을 합니다. 이를테면 좀 더 커피나 빵이 드러나야 하는 부분이 있으면, 아무래도 그쪽은 제가 기술자니까 제가 조언한다는 식으로 설명하죠. 가이드는 '코리안 빈티지 Korean Vintage'라고 하면 좋을 거 같아요. 코리안 빈티지에 대해서는 (디자이너가) 회사에 들어오기 전부터 저하고 오랫동안 이야기했어요. 코리안 빈티지는 과연 무엇이고 그중에서 우리는 무엇을 표현하고 싶은 것인지요. 이 가이드라인 안에서 서로 디테일하게 다듬어가되, 기본적으로는 디자이너가 디자인하고 싶은 걸 합니다.

공동체 먹거리로서의
브랜드

'기술자 공동체'에 대한 이야기를 자주 하시는데, 사내문화나 중요하게 생각하는 가치에 대해 설명해주세요.

처음에는 협동조합 형태를 생각했어요. 조직을 만들 때는 두 가지가 필요하잖아요. 다른 회사 들어가도 되는데 왜 이 조직을 해야 하는가. 그럼에도 왜 새롭게 해야 하느냐를 묻는다면 저희가 원하는 구조가 있었거든요. 구성원들이 편하게 의견을 이야기하고 반드시 피드백을 주는 구조를 만들고 싶었어요. 수평적 구조라는 게 사람들의 인식처럼 쉽지가 않아요. 겪어보셔서 아시겠지만 호칭 문제를 해결한다 해도 업무에서 결정은 어쩔 수 없이 한 명이 해야 하잖아요. 그러다 보면 상하구조가 되어버리고요. 다른 사람의 삶이 중요하니 다른 사람의 의견도 중요하다는 전제 하에 의견을 편하게 낼 수 있는 구조를 만드는 데 집중했어요. 저희는 '역 피라미드 구조'라고 표현하는데 위의 구성원들이 의견을 내려보내는 형태를 고안했고, 60명 정도 되는 직원이 구조를 만들어가는 어려움이 있지만 개인적인 관계나 친분보다는 구조적으로 해결하려고 노력해요. 또 휴가 갈 때 사유를 쓰지 않는다든지 입사한 지 얼마 되지 않은 바리스타 직원이 출산휴가를 쓴다든지.

그 빈자리를 다른 사람들이 더 희생해서 메워야 하잖아요?

언제든 나도 그럴 수 있다는 마음이 있으면 돼요. 친구가 편하게 쉬려면 누군가 그런 일을 당했을 때 나도 기꺼이 나서겠다는 마음이 필요해요. 구조적으로 만든 것 중에 공유자동차도 있거든요. 업무 목적이 아니라 데이트 목적으로도 쓰는 자동차예요. 모두 선의에 기댄 제도들이에요. 혼자 사는 친구들에게 정기적으로 과일박스를 배달하는 것도 있고, 내부적으로 제빵팀 한 번, 커피팀 한 번, 서로 업무를 가르쳐주는 시간도 있고, 동호회도 많고요.

여전히 프릳츠라는 브랜드를 몰라서 못 오는 분들도 있을 것 같아요. 소셜미디어에 조금만 홍보해도 올 사람들이 더 많을 것 같은데요.

네, 그렇죠. 일단은 제가 그 채널에 무지하고요. 최근에 일하는 분들이 그런 의견을 많이 주세요. 카카오톡 선물하기에 프릳츠가 들어갈 수도 있고, 인스타그램에 광고할 수도 있고, 노출시킬 수 있고, 라디오광고를 해볼 수도 있고, 콜라보레이션하면 노출된다는 이야기도 해주세요. 좋은 채널이 분명 있겠지만 저희가 가진 속도감을 믿고 있어요. 갑작스럽게 퍼지는 거나 공중파 출연 같은 것들은 분명 고민되거든요. 왜냐하면 저희는 식음료를 하는 사람들이라 품질관리가 가능해야 하고, 맛있게 하려고 모인 사람들인데 갑작스럽게 뭔가 변하면 관리가 쉽지 않거든요. 다음 매장을 낼 때도 주위에서는 저희가 좀 더 빨리 문을 열어주길 기대했다고 하더라고요. 하지만 기술자가 숙련되는 시간이 필요해요. 저희 일이 노동집약적인 사업이라고 생각하는 건, 그런 시간까지 포함한 거예요. 정말 미숙하지만 숙련될 때까지 기다리는 시간까지 코스트에 포함된다고 생각하거든요.

공간에서 구현하고 싶은 컨셉이나 이런 사람들이 앉아 있었으면 하는 타깃 고객이 따로 있나요?

동년배들? 비슷한 문화를 향유하는 친구들, 커피와 빵 문화가 한 단계 더 나아가길 바라는 사람들과 나누고 싶었지만 생각보다 다양한 분들이 찾아오세요. 이제는 어떤 사람들이 왔으면 좋겠다는 마음은 없고요. 그냥 많은 분들이 와주셨으면 좋겠어요.

궁극적으로 이윤을 창출하지 못하면 영속하는 기업/브랜드가 될 수 없는데, 지속적으로 성장하기 위해 가장 중요하게 생각하는 부분은 무엇인지요?

제가 아마 프릳츠의 첫 번째 팬일 텐데요. 저희가 가장 중요하게 여기는 것은 '내부 구성원들의 삶'이에요. 저희는 기술자 집단을 표명하고 있고 기술자들이 안심하고 살 수 있는 공동체를 만드는 게 목적인데, 기술자라는 건 시간과 의지가 필요하잖아요. 숙련되는 시간이요. 이곳이 자신을 갈고닦을 곳이 되길 바라는데 그러려면 내부 구성원들의 삶이 가장 중요하죠.

또 기술적으로 나아질 수 있는 토대랄까요. 이를테면 저희가 최고의 식재료를 다룬다는 얘기는 맛이 없으면 만드는 사람 탓이라는 얘기거든요. 그러니 기술적으로 진보할 수 있는 것들에 대해 기술자가 고민할 수 있을 테고, 그 결과 더 많은 분들이 찾아주시면 기술자로서 다음에 기술을 발휘할 때까지 쓸 수 있는 시간을 확보할 수 있겠죠. 삶에서 깨어 있는 시간의 반 이상을 직장에서 보내게 될 텐데 그때의 삶과 그 이후의 삶이 잘 조화를 이룰 수 있도록 해야죠. 그게 어렵더라고요.

대표님이 생각하는 스타트업의 정의를 말씀해주세요.

넓은 의미에서 보면, 하고 싶은 걸 하는 사람들이라고 생각합니다. 제 인생도 마찬가지인데요. 좋아하는 것도 많고 취미도 많았지만, 제가 뭘 하고 싶은지에 대한 고민 없이 살다가 어느 순간 그 벽에 부딪히잖아요. '내가 잘 살고 있나?', '이대로 살아도 되나?' 그런 고민이요. 다들 그때 자기가 뭘 하고 싶은지 떠올리는데, 스타트업은 자신이 하고 싶은 걸 하기 시작한 사람들이라고 생각해요. 기타노 다케시 감독이 이런 말을 했어요. 영화를 찍고 싶어 하는 사람은 정말 많은데 영화감독은 그 시간에 영화를 찍고 있다고. 꿈을 거기에 두지 않고 지금 그걸 하는 것, 커피를 뽑고 싶으면 커피를 배워야겠다고 생각하는 게 아니라 진짜 커피를 뽑고, 목공을 하고 싶으면 꿈을 갖는 게 아니라 지금 나무를 자르고 있는 것. 그게 바로 스타트업이라고 생각해요.

대표님이 생각하는 브랜드란 무엇인가요?

브랜드는 공동체가 같이 먹고 살 수 있는 먹거리 중 하나죠. 경제활동을 하는 데 필요한 여러 요소 중 큰 부분이죠. 브랜드 이전에 회사를 어느 정도 키워야 하느냐에 대한 고민이 선행되어야 한다고 생각합니다. 만약 저 혼자 카페를 한다면 정말 맛있게 할 자신 있거든요. 간판도 없이 조용한 곳에 카페를 열어서 개인이 먹고 살 정도는 할 수 있을 것 같아요. 그런데 여럿이 같이 살기로 결정한 거잖아요. 공동체적 관점에서 반드시 필요한 것이 브랜드라고 봅니다.

예비 창업가, 이 책을 읽을 독자들에게 들려주고 싶은 이야기가 있다면요?

자신을 들여다보는 연습? 자기객관화가 중요하다고 생각해요. 비즈니스 관점에서의 잘하고 못하고가 아니라, 내가 정말 좋아하는 것이 무엇이고 내가 정말 싫어하는 게 뭐고 뭘 했을 때 질리지 않을 수 있고, 나는 결혼이 적합한 사람이니 얼른 결혼해야 하고, 그렇게 자기를 끊임없이 들여다보면 좋겠어요. 겉으로는 다 좋은 사람이잖아요. 그런데 나만 볼 수 있는 단점과 부끄러운 점, 보여주고 싶지 않은 부분이 있을 텐데 그것까지 낱낱이 들여다보는 연습을 자주 하면 좋을 것 같아요. 그렇게 되면 창업을 하고 나서도, 삶에 대해서도 대단히 만족도가 높아질 것 같습니다.

법칙 4

스토리와 콘텐츠로
공감을 얻어라

"당신의 이야기를
들려주세요"

사람들은 누구나 이야기를 좋아한다. 기업의 세계에서도 예외는 아니다. 성공한 사람이나 성공한 기업의 창업 스토리를 듣는 것은 언제나 흥미롭다. 어렵고 힘든 상황을 극복했거나, 우연처럼 다가온 어떤 기회로 성공에 이르는 일련의 드라마가 녹아 있기에 매력을 느낀다. 스타트업 역시 다양한 스토리를 보유하고 있다. 잘나가던 대기업이나 글로벌 기업을 뛰쳐나와 창업했다는 스토리, 극단적 선택을 고민할 만큼의 고비를 이기고 성공에 이른 스토리, 잘나가다 경영진의 실수로 안타깝게 망해버린 실패담 등 다양한 이야기가 있다.

스마트폰의 등장 이후 시간과 장소에 상관없이 더 많은 콘텐츠를 소비하기 시작하면서 콘텐츠의 생산과 소비가 획기적으로 늘었지만,

모든 콘텐츠가 공감을 사는 것은 아니다. '무작정 열심히 하다 보니 우연히 성공했어요' 같은 평범한 스토리로는 사람들의 관심을 끌기 어렵다. 브랜드나 회사 역시 마찬가지다. 대중은 무언가 특별한 스토리가 있는 브랜드나 제품에 끌리게 마련이다.

스타트업에도 우리 브랜드만의 스토리와 콘텐츠가 필요할까? 당연히 그렇다. 스토리와 콘텐츠를 통한 브랜딩이야말로 리소스가 부족한 스타트업이 손쉽게 시작할 수 있는 방법이다. 나아가 제품이나 서비스에 만족한 사람들이 자연스럽게 만들어낸 입소문은 소비자들의 자발적인 노력을 타고 확산되므로 무엇보다 효과적인 브랜딩 활동이 된다. 그럼에도 여전히 우수한 제품개발과 편리한 서비스 론칭에만 집중한 나머지 내부의 쓸 만한 콘텐츠를 제대로 발굴하지도, 알리지도 못한 채 묻혀버리는 스타트업이 적지 않다.

물론 이제 막 창업했거나 업력이 짧은 스타트업이 자기만의 스토리를 갖기란 쉬운 일이 아니다. 그러나 역사가 오래되어야만 흥미로운 스토리가 완성되는 것은 아니다.

회사를 가장 빨리 알릴 수 있는 방법 중 하나는 바로 창업가의 스토리를 활용하는 것이다. 전기자동차 회사 '테슬라Tesla'라 하면 자연스럽게 떠오르는 것이 창업자인 엘런 머스크다. 그가 가장 먼저 창업한 회사인 페이팔을 이베이에 15억 달러(약 2조 원)에 매각한 사업적 성공도 대단한 스토리다. 그러나 이 놀라운 이야기보다도 마블

Marvel Comics의 히어로 캐릭터인 영화 〈아이언 맨〉의 실제 모델이었다는 이야기에 귀가 더 솔깃해진다.

국내 스타트업계에도 이런 독특한 스토리를 가진 창업자가 있다. 위치정보를 이용해 가까운 모텔을 추천, 예약하는 서비스로 시작해 최근 여행 안내뿐 아니라 숙박업까지 확장하고 있는 O2O^Online To Offline 플랫폼 기업 '야놀자'의 이수진 대표다. 어릴 때부터 가정형편이 어려워 모텔에서 먹고 자며 청소, 시트교체, 카운터 보기 등 아르바이트를 하다 남은 시간에 인터넷 카페 '모텔 종사자 모임'을 개설하고 운영한 것이 사업의 시작이었다. 그 후 2005년 '모텔투어'라는 모텔 소개 인터넷 카페를 인수해 서울 및 근교의 모텔촌을 다니며 광고 영업을 시작한 것이 현재 '야놀자'의 시초라 할 수 있다. 사람들은 스타트업 대표라 하면 으레 글로벌 컨설팅 회사나 유명 기업 출신일 거라 생각한다. 그러한 창업가들의 이야기가 많이 회자되었기 때문일 것이다. 그러나 꼭 엄청난 학력과 업적이 있어야 스토리를 만들수 있는 것은 아니다. 모텔 일로 숙식을 해결하며 새로운 기회를 만든 이수진 대표의 스토리는 '야놀자'라는 브랜드를 널리 알리는 데큰 도움이 되었다.

매력적인 스토리는 어떻게 탄생하는가?

그렇다면 과연 그 자체만으로 사람들의 관심을 불러일으키는 매력적인 스토리는 어떻게 만들어지는가?

앞서 언급한 에어비앤비는 비즈니스를 전개하는 과정에서 다양한 이야깃거리가 자연스럽게 쌓여온 사례다. 페이스북 역시 마크 저커버그가 하버드 대학교에 다니던 시절에 여학생 순위 매기기 프로그램, 커플 매칭 프로그램 등 가십성 소일거리를 하다 윙클 보스 형제가 의뢰한 하버드 인맥관리 프로그램을 만든 스토리로 유명하다. 거대한 법정싸움으로까지 번진 이 흥미진진한 스토리는 영화로 제작되기도 했다.

이처럼 거의 모든 스토리는 억지로 만들어지는 게 아니라, 기업이나 브랜드가 과거에서 현재까지 쌓아온 이야기에서 발견하는 것이라 해도 지나치지 않다. 2013년 CJ E&M의 올리브TV에서 방영된 〈마스터 셰프 코리아2〉의 우승자와 관련된 이야기도 꽤나 흥미롭다. '초밥왕의 후예'로 불린 최강록 우승자는 '요리를 어디서 배웠는가?'라는 심사위원들의 질문에 "만화책 보고 배웠습니다. 〈미스터 초밥왕〉에서 요리를 배웠습니다"란 말로 시선을 확 끌었다. 조금은 어눌한 말투로 진실되고도 유머러스한 매력을 발산하고, 거기다 요리까지 멋지게 해내는 모습이 많은 공감을 유발했다. 우승 후 다른 시즌 우승자들보다 더 많이 회자된 것은 물론, 급기야 본인의 단독 프로그램을 진행했을 정도다.

사실 그가 요리업계에서 쌓아온 내공은 훨씬 깊다고 한다. 과거 일본에서 몇 년간 요리와 관련된 유학도 했고, 직접 사업을 했으며 실패해본 경험도 있다는 사실은 많이 알려지지 않았다. 만일 이런 이력이 방송에 그대로 노출돼 '요리는 일본에서 배웠고, 외식사업을 몇 번 했다'고 소개되었다면 지금처럼 이슈가 되지 못했을 것이다. 오히려 누구나 한 번쯤 본 적 있는 만화 〈미스터 초밥왕〉을 보고 요리를 배웠을 정도의 열정과 절심함에 시청자들이 공감하고 더 크게 응원했던 것이 아닐까.

이처럼 스토리는 지어내는 것이 아니라 자신이 쌓아온 다양한 경험 속에서 발견하는 것이다. 과거 및 현재의 이야깃거리 중에서 사람들이 공감하고 흥미를 느낄 수 있는 스토리를 찾아내고 또 꾸준히 만들어가야 한다.

그렇다면 어떻게 스토리를 찾고 만들어가야 할까? 이를 위해서는 콘텐츠가 스타트업 브랜딩에 어떻게 활용되고 있는지 생각해볼 필요가 있다. 사람들이 창업을 앞두고 가장 먼저 시작하는 것이 무엇일까? 사업계획 구상? 투자자 물색? 저마다 다르겠지만 생각보다 많은 스타트업 창업자들이나 구성원들이 카카오 브런치나 네이버 블로그 등의 플랫폼에 자신만의 이야기를 쓰기 시작한다. 내용은 대략 다음과 같다.

- 본인은 어떤 사람인지 소개한다.
- 지금까지 어떤 일을 해왔는지 설명한다.

- 어떤 비전을 갖고 창업하려고 하는지 밝힌다.
- 자신의 전문분야에 대한 지식을 공유하고 인사이트를 전달한다.

필자 중 한 명 역시 글로벌 브랜드 컨설팅 회사를 나와 스타트업을 시작하면서 가장 먼저 했던 일이 브런치를 개설한 것이었다. 첫 번째 글은 '(D+1)명함을 버리다'라는 주제였다.

"쉽지 않은 결정인데 참 쉽게 했다. 햇수로 12년. 내 이름이 담긴 명함을 대변하던 대기업, 글로벌 컨설팅 펌의 이름을 다 지우고 그냥 나로 세상에서 살아보기로. 울타리를 벗어나서 나를 설명하기가 참 쉽지 않아 여러 문구들을 덧붙여야 하겠지만, 그런 문구들 없이 나를 이야기해도 되는 날, 예전처럼 회사 이름으로 모든 게 대변될 수 있는 나만의 수식어가 생기는 그날이 올 때까지 오늘이 시작이다."

창업을 결심하고 무엇이라도 해야 했을 때 처음 생각한 것이 스토리를 남기는 것이었다. 나중에 회사 홍보에 활용해야겠다고 생각한 것도 아니고, 그저 새로운 시작을 앞둔 다짐이자 하루하루 사업의 진행상황을 남기고 싶었던 것이 전부였다. 굳이 창업을 눈앞에 두지 않았더라도 온라인 공간에 내가 매일매일 남기는 한두 줄의 문장이 훗날 나만의 스토리, 콘텐츠가 되고 경쟁력이 될 수 있다. 1시간짜리 완벽한 프레젠테이션 발표보다, 나만의 브랜드에 대해 1년 동안 꾸준히 남기는 것이 나를 알리는 더 강력하고 효과적인 수단이 된 시대다.

그러나 언제나 그렇듯이 리소스가 문제다. 절대 다수의 스타트업은 스토리를 발굴하고 다듬고 알릴 만한 '시간, 돈, 사람'이 충분하지 않다. 스타트업이 최소한의 자원만 들여 콘텐츠를 만들 수 있는 방법을 크게 두 가지로 정리해보았다.

첫째, 콘텐츠 생산의 주체를 기업이나 브랜드에서 소비자로 확장한다.

브랜드가 일방적으로 자신의 콘텐츠를 생산하는 것이 아니라, 소비자들의 자발적인 참여를 이끌어내는 것이다. 전 세계 1500만 구독자의 지지를 얻으며 '오늘 뭐 먹지?'와 '쿠캣Cookat' 등에 푸드 콘텐츠를 소개하고 음식문화를 만들어가는 그리드잇GreedEat이 이를 잘 활용한 케이스다.

그리드잇이 지금처럼 다양한 F&B 사업을 진행하는 푸드 미디어가 된 데는 이문주 대표가 들려주는 흥미로운 창업 스토리도 한몫했지만, 무엇보다 월간 3억 뷰 이상을 기록하는 콘텐츠의 힘이 크다. 이문주 대표는 투자자의 소개로 우연찮게 '오늘 뭐 먹지?' 채널을 운영하는 그리드잇을 만나 반나절 만에 그야말로 '의기투합'하게 된다. 그로부터 얼마 안 돼 합병 제안을 받았지만 거절해, 돈방석에 앉을 기회를 스스로 차버린 것으로도 유명하다.

하지만 지금의 그리드잇을 있게 한 스토리는 대표 개인이 아니라 사용자들의 공동 창작물이다. 그리드잇은 콘텐츠를 선별, 제작하는데 몇 가지 원칙을 두는데, 가장 먼저 타깃이 좋아할 콘텐츠인가를 판단한다. '오늘 뭐 먹지?'가 원하는 타깃은 20대 초반 여성들로 음식에 가장 민감하고 바이럴 영향력도 크다. 그리드잇은 이 타깃을 잡으면 전 세대가 만족할 수 있는 콘텐츠를 만들 수 있다고 판단해 그들이 좋아할 만한 콘텐츠를 찾기 시작했다.

또한 이들은 가장 최신의 콘텐츠에 집중한다. 맛집이나 음식은 빠른 정보가 무엇보다 중요하다고 생각해 신제품, 신메뉴를 빠르게 발견하고 이를 콘텐츠화하기 시작했다. 마지막으로 차별성을 최우선시했다. 다른 조건을 충족하더라도 다른 곳에서도 쉽게 찾을 수 있는 콘텐츠는 가급적 배제하고 그동안 접하지 못한 주제들을 다루려 노력했다.

이를 위해 최초로 도입한 것이 페이스북 사용자를 통한 제보 시스템이었다. 다른 페이지들은 콘텐츠를 자체적으로 만들거나 '불펌'한 경우가 대부분이었다면, 그리드잇은 소비자들의 자발적 참여를 이끌어냈다. 이에 따라 많은 가입자들이 라디오에 사연을 보내듯 자신이 먹은 음식을 제보하기 시작했고 그리드잇은 'by ○○님'이라는 표기로 제보자들을 명시하기 시작했다. 제보는 빠르게 증가했고 많을 때는 하루 1만 건에 가까운 제보가 들어올 때도 있었다고 한다. 모수가 많아지면서 자연스럽게 양질의 콘텐츠가 나오기 시작했고, 다른 페이지와는 비교되지 않을 정도로 차별화된 콘텐츠와 빠른 정보로 성장할 수 있게 되었다.

둘째, 우리가 누구인지, 지향하는 바가 무엇인지를 전략적으로 전달하는 방법을 택하는 것이다.

상대적으로 많은 시간과 노력이 들어가는 스토리나 콘텐츠를 개발하기 앞서, 우리 제품과 서비스의 핵심을 드러내는 브랜드 슬로건을 적극적으로 활용하는 방법이다. 실제 브랜드 슬로건을 통해 고객들의 공감을 얻고 명확한 이미지를 구축해가는 스타트업들을 어렵지 않게 볼 수 있다.

이를테면 '식권대장'이라고만 하면 확실히 와 닿지 않던 개념이 '밥값 하는 직장인을 위하여'라는 브랜드 슬로건과 함께 쓰이면 '먹거리와 연관된 무언가를 제공하는 곳'이라고 생각하게 된다. 마찬가지로 8퍼센트의 '사람과 사람이 만드는 금융', 다방의 '나쁜 정보가 좋은 방을 구한다', 배민찬의 '모바일 넘버원 반찬가게' 등 슬로건을 통해 브랜드 네임만으로는 표현하지 못하는 업의 정체성과 이루고자 하는 가치를 효과적으로 전할 수 있다. 물론 브랜드 네임 자체만으로 그러한 성격을 모두 보여줄 수 있다면 더욱더 효율적이겠지만.

스타트업의 스토리를 민드는 법

스펙보다 스토리가 중요하다는 조언은 더 이상 개인에게만 해당

하는 것이 아니다. 모든 기업이 자신을 효과적으로 알릴 스토리를 원하고 있다. 더욱이 '창업'이라는 단계 자체가 도전과 가능성과 리스크가 가득한 드라마틱한 시기 아닌가. 회사가 망한 이야기, 퇴사 이야기조차 스토리가 되고 콘텐츠가 되고, 나아가 새로운 비즈니스 모델이 될 수 있음을 잊지 말고, 우리 안에 어떤 스토리의 씨앗이 있는지 살펴보자. 우주를 창업한 김정현 대표의 창업 스토리에는 청년들이 힘겨워하는 높은 주거비용과 불만스러운 주거환경을 개선하겠다는 사회적 미션이 담겨 있다. 이는 '돈이 없어 듣지 못하는 사람이 없도록 하겠다'는 이전 회사(딜라이트)의 창업 스토리와 맞물리며 그의 진정성을 더욱 실감하게 한다. 청년세대는 상대적으로 사회적 이슈에 관심이 많다. 더욱이 자신들이 맞닥뜨린 문제를 해결하고자 노력하는 회사가 있다면 더욱 호감을 갖지 않겠는가?

그러니 당신도 다음의 조언을 참조해 당신만의 스토리를 만들어보자. 그 안에 당신이 왜 이 일을 하고자 하는지, 왜 (기존과 다른) 이러한 방식으로 하고자 하는지가 담길 수 있다면 사람들은 당신의 진정성을 이해하고, 든든한 응원군이 되어줄 것이다.

1. 우리만의 브랜드 아이덴티티가 무엇인지 바로 알기
2. 소소한 일상을 기록하기
3. 흥미를 유발할 수 있는 일을 벌이기
4. 대단해 보이는 남의 이야기보다는 자신의 일상생활과 연관된

소재 찾기

5. 문제를 해결한 '극복'의 소재를 추가하기

6. 사용자와 함께 성장하고 있음을 보여주기

7. 첫 번째 스토리는 창업자 개인의 이야기로 시작하기

이름보다 중요한 건
회사를 설명해줄
한 문단의 스토리

패스트트랙아시아 | 박지웅 대표

패스트트랙아시아Fast Track Asia를 한마디로 설명하면 컴퍼니 빌더 company builder, 회사 만드는 회사다. 특히 의식주와 관련된 사업 아이 템을 찾아 자회사를 집중 설립한다. 성인 대상 직무교육을 하는 '패 스트캠퍼스', 맞춤화된 여성 속옷을 만드는 '소울부스터', 남성 패션 브랜드인 '스트라입스', 음식배달 대행업체인 '플라이앤컴퍼니', 프리 미엄 푸드마켓 '헬로네이처' 등 자회사 브랜드가 더 친숙하다.

패스트트랙아시아 창업은 2012년, 티켓몬스터의 인연으로 거슬 러 올라간다. 신현성 티몬 창업자와 당시 유일한 엔젤투자자였던 노 정석 대표, 티몬에 투자한 한국의 스톤브릿지캐피털과 미국의 인사 이트벤처파트너스가 시작했다. 박지웅 대표는 스톤브릿지캐피털의

심사역으로 무수한 반대를 물리치고 티몬 투자를 결정해 1년여 만에 '티몬 3000억 빅딜' 성공신화를 일군 것으로 유명하다. 그때의 파트너십을 기반으로 티몬과 같은 케이스가 더 많아지면 좋지 않을까 생각하여 만든 회사가 패스트트랙아시아다. 박지웅 대표는 이곳에서 투자와 사업을 절반씩 담당하고 있다.

컴퍼니 빌더를 시작한 특별한 이유가 있나요?

처음에는 대단한 생각을 갖고 시작한 건 아니에요. (티몬) 매각이 끝난 다음 신현성 대표님과 노정석 대표님 저 셋에서 한 달에 한 번 정도 만나서 이런저런 이야기나 나눠보자고 했어요. 두 분 대표님은 원래 하고 싶은 비즈니스가 여럿 있었고, 저는 투자만 계속하다 보니 실제 비즈니스에 관심이 커진 상태에서 만났어요. 저희의 공통적인 니즈는 수동적인 투자자로만 남기는 싫다는 거였습니다. 당시에는 우리의 니즈를 적절하게 해소시킬 만한 모델이 없어서, 그러면 셋이서 출자해 작게 3개 정도만 해보자고 시작된 거죠.

대표님은 계속 투자자의 길을 걸어왔는데, 사업가에 대한 니즈가 있었나요?

원래 티켓몬스터에 투자하게 된 계기가 2009년쯤 그루폰이라는 회사에 대한 기사를 본 거였어요. 기사를 보니 잘될 것 같은데 한국에는 그런 회사가 없었죠. 당시 그루폰은 쿠폰만 판매했는데, 그 언저리에서 리뷰, 오픈 테이블 예약, 레스토랑으로 하는 게임까지 나왔는데도 이걸 다 하는 회사가 없으니 우리가 직접 해야겠다 싶어서 당시 회사에 이야기했죠. 회사에서 돈을 대고 큰 게임회사의 개발팀을 통째로 설득했고, 맛집 DB가 있으면 좋을 것 같아서 블루리본서베이라는 출판사를 찾아가서 맛집 DB를 받고, 쿠폰부터 게임까지 다 하는 회사에 투자자로 참여하는 모델을 생각했어요. 그런데 진행이 지연되는 와중에 비슷한 회사들이 등장해서 만났는데, 그때까지만 해도 우리는 모든 영역을 다 할 건데 너희는 쿠

(사진 : 패스트트랙아시아 제공)

폰만 하니까 제휴하자는 정도의 생각이었어요. 그러다 티몬이 잘되는 걸 보고 투자하겠다고 해서 시작됐어요.

하지만 투자자는 조연이기도 하고 사실 별로 하는 일이 없어요. 초기단계 리스크, 돈을 투자한다는 것 외에는 전부 창업가의 일이거든요. 게다가 내가 의사결정하는 게 아니라 회사 승인을 받아야 하는 돈이잖아요. 그래서 다음에 뭔가 하게 되면 수동적인 투자가 아닌 다른 것을 해보자는 니즈가 컸죠.

지금까지 느끼기엔 창업이 10배 이상 힘든데, 창업 쪽이 100배 이상 더 재미있다고 봐요. 시작해서 5년 정도 됐는데 수동적인 투자자로 돌아갈 생각이 전혀 들지 않을 만큼 사업이 힘들지만 재미를 느끼고 있습니다.

오래 할 각오가 된 사람이 무조건 이긴다

인터넷 위에서 돌아다니는 비즈니스 모델을 구분하면 결국 두 가지인데요. 시간을 얼마나 점유하느냐share of time, 아니면 지갑을 얼마나 점유하느냐share of wallet의 관점이에요. 전자는 네이버나 카카오 같은 순수pure 인터넷 사업자들이 사용자의 시간을 돈으로 바꾸는 사업을 하는 거고, 반면 많은 커머스 회사들은 소비자의 지출을 직접 타기팅해서 내 것으로 만드는 사업을 하죠.

예전에 투자하면서 여러 비즈니스 모델을 봤는데, 한국 시장에서 사용자들의 시간을 점유해서 성과를 내기는 힘들다고 느꼈어요. 사용자들의 시간을 점유하려면 결국 트래픽 기반의 광고모델을 만들어야 하는데, 해외와 다르게 특정 타깃vertical audience만을 공략해서는 생존하기 힘들다, 트래픽은 전 국민이 다 쓰지 않는 한 실패한다, 그런데 커머스나 서비스는 그렇지 않다는 결론을 내렸죠.

지갑점유의 관점에서 기존의 사용자들이 원래 안 쓰던 것을 생각해봤는데 너무 힘들 것 같고, 많이 쓰는 걸 찾아서 그 시장에서 해법이 있으면 해보는 것으로 정했어요. 한국 가구의 월, 연간 소비지출 상위를 꼽아보니 의식주, 교육, 일부 금융비용과 차량구매 비용이었어요. 의식주를 기준으로 남녀 혹은 연령대로 인구를 쪼개기도 하고 소비지출의 항목을 다양화해서 살펴봤어요. 그런 다음 해당 시장에 강력한 플레이어가 있는지 봤어요. 저희가 가장 좋아하는 건 오프라인 플레이어들만 있는 곳, 그리고 생긴 지 오래됐고 별다른 혁신이 없는 시장이거든요. 그런 시장을 몇 개씩 뽑고 나서 그곳 오프라인을 이길 수 있는 서비스 모델이 뭐가 있을까 아이디어를 내서 숙성시키는 거죠. 계속 고민하고 공부도 하고 물어보기도 하고, 아이디어의 숙련도competence level가 올라가면 사람을 찾아요. 직접 해도 되겠다 싶으면 직접 하고, 다른 사람을 찾아야겠다고 하면 그 사람을 찾고, 그 사람을 찾으면 우리의 스토리를 이야기해주고, 받아들이면 시작하는 식으로 회사를 만들었어요.

브랜드에 대한 부분과 조직에 대한 부분이 궁금해요. 지금 6개의 회사를 하고 계신 거죠. 네이밍, 회사명을 짓는 방식이나 체계에 대한 기준이 있나요?
사실 대단한 생각을 갖고 회사명을 정하진 않았어요. 그냥 이건 내가 직접 해야겠다면 가급적 '패스트'란 것을 붙여서 구분할 수 있게끔 하고, 아닌 경우에는 개별 회사 대표들이 회사명을 정하거든요. 회사명에 어떤 철학이나 기준점을 두진 않아요. 회사명도 중요하긴 한데 그걸 저희가 잘할 수 있다고 생각하지 않은 것 같아요.

대신 저희가 대단히 중요하게 생각하는 건 그 회사를 설명하는 한 줄 혹은 한 문단의 스토리예요. 이 회사가 어떻게 시작되었고 왜 시작되었고, 한 줄로 설명하면 무엇인가는 경영진에게도 직원에게도 중요하고, 잠재적 가능성이 되어줄 구직자들에게도 중요하고 투자자에게도 당연히 중요하고, 고객에게도 직접 영향을 미치진 못하지만 굉장히 중요하다고 생각하죠.

어떤 기준으로 사람을 채용하는지 궁금합니다. 파트너사들의 CEO들이 성공적으로 잘하고 있는데요. 그분들만의 공통점이나 특징이 있나요?

외부에서 제가 들었던 피드백 중 저희 파트너사 대표들이 전체적으로 색깔이 비슷하다는 게 있어요. 물론 저희는 안에서 매일 만나니까 대표들끼리 차이가 있다고 보지만요. 처음 시작해서 실제 서너 회사 정도는 학교나 과 동아리 후배들이 파트너사 대표를 맡았고요. 제가 사업을 해본 게 아니어서 능력도 능력이지만, 제가 인간적으로 신뢰할 수 있는 사람이 최우선이라고 생각했기 때문에 후배들 중심으로 시작됐어요. 하지만 후배들이 무한정 나오는 게 아니니까 다른 사람들을 선택해야 했고요.

저희가 어떤 스타일의 사람을 뽑을지 고민할 때는 어떤 비즈니스를 할 것인가에서 출발해요. 저희 비즈니스가 대단한 기술이나 예술적인 감각이 필요한 건 아니거든요. 라이프스타일 관련 비즈니스를 어떤 사람이 잘하나 보니, 오래 할 생각이 있는 사람이 결국 잘하더라고요. 지적 수준 intelligence level은 저희 비즈니스에서는 임계치를 넘으면 다 비슷해요. 다만 2년 정도 해보고 가능성이 보이면 좀더 하고 아니면 다른 걸 하겠다는 사람과, 이 비즈니스가 너무 좋아서건 사업을 하는 것 자체가 좋아서건 시작했으면 10년은 하겠다는 사람, 저희는 시장에서 후자가 무조건 이긴다고 생각하게 됐어요.

채용 기준은 크게 두 가지인데요. 절반 정도는 초반에 연령대를 중요하게 봤어요. 거의 20대 후반에서 30대 초반의 적당한 경력을 가진 분들을 선호해요. 특정 산업에 대한 지식은 있지만 편견이나 선입견이 생기기 전의 경력이죠. 그리고 물리적으로 제한된 기간에 결과를 내고 싶은데, 그건 일하는 시간과 비례한다고 생각하거든요. 정말 장시간 타이트하게 일할 수 있는 사람인지를 봐요.

그걸 하나의 축으로 삼고, 나머지는 사업하려는 사람들의 니즈죠. 동기는 정말 다양한데 그중 남의 일이 아니라 내 걸 하고 싶어서 사업한다는 사람, 사업 자체를 라이프스타일로 받아들이는 사람을 선호합니다. 취직해서 성공할 수도 있고 내 걸 해서 성공할 수도 있잖아요. 전자에 해당하는 경우는 객관적인 걸 파악하고, 후자는 시작할 때 우리랑 사업해서 2~3년 안에는 결과가 안 나온다는 합의를 확실히 하고 들어가고요.

지금 '소울부스터'는 초기인 것 같고, 나머지는 어느 정도 자리를 잡았다고 생각하는데요. 회사를 평가하는 기준은 어떤 것들인가요?

평가를 잘 안 하긴 해요. 모든 회사에서 투자자와 경영진으로서 서로 판단하는 관계이기보다 저희는 일종의 연대책임을 지는 관계거든요. 실제로 관계 설정이 대부분 그렇게 되어 있어요. 파트너사의 투자자들은 저를 같은 투자자 사이드에서 바라보기도 하지만 대부분은 제가 경영하고 책임도 지니까 저를 경영진, 공동창업주처럼 봐요. 상호 간에 평가할 수 있긴 한데 상호평가라는 게 역할이 위아래로 나뉘어져 있잖아요. 파트너사 입장에서 우리를 평가하긴 쉽지 않을 것 같아요.

되게 장기적으로 갈 수도 있겠네요.

저희가 이런 구조로 시작하게 된 것도 5년 전에 라이프스타일 쪽에 기회가 있다고 생각했고, 이런 비즈니스에 요구되는 지적 수준은 비슷하기 때문에 중요한 건 결국 누가 오래 하느냐거든요. 사람이 오래 해야 한다, 돈이 오래 견뎌야 한다는 거죠. 그래서 만기가 있는 펀드 구조로 만들지 않고 주식회사 구조를 만들어서 주식회사 자본금으로 투자해요. 저희가 넣은 돈은 만기가 없어요. 우리도 매년, 매주 성과를 볼 수는 있지만 애초부터 만기로 태어난 벤처캐피털과 다르긴 하죠. 그것 때문에 장기적인 관점을 더욱 중요하게 생각해요.

대표님이기에 이 일을 더 잘할 수 있었던 이유로는 어떤 게 있을까요?

좀 시간이 걸렸던 것 같아요. 벤처캐피털 투자자로서 괜찮은 성과와 브랜드를 가질 수 있었던 요인을 돌이켜 생각해보면, 사실 제가 컨트롤할 수 없는 변수들이 더 많았어요.

2008년 말부터 투자를 시작했는데 그때가 아이폰 3G가 들어오고, 한국 페이스북 사용자들이 급격히 늘던 시기거든요. 한국 벤처캐피털들은 스마트폰 부품 납품업체를 잘 찍어서 투자하는 게 핵심이었고 40~50대 분들이 많았어요. 그러다 나이든 분들이 이해하기 어려운 서비스나 쉽게 투자하기 어려운 업계에 젊은 친구들이 등장하기 시작했는데, 제가 그때를 만난 거예요.

제가 들어간 회사가 큰 회사에 있던 3~4명의 공동대표 중 한 분이 독립한 거였어요. 당시 저희 대표님은 시장에서 이미 충분한 인지도와 경험과 경력을 쌓았는데, 조직은 이제 막 시작하는 상태인 거죠. 원래 주니어 레벨의 직원은 투자심사를 할 수 없어요. 보통 심사역들이 첫 1년 동안은 투자를 못하고 조사만 하고, 그다음에는 1년에 3개씩 투자하는데, 저는 첫해부터 매년 10개씩 투자했어요. 이 두 시기가 잘 맞아떨어져서 투자를 많이 하게 됐고, 그러다 보니 성공사례가 많아진 거죠. 이쪽 회사에 올 때는 거기서 쌓았던 경험이 지렛대가 되어서 영향을 미쳤다고 생각하고요.

이걸 성과로 연결해야 하는데, 문제는 제가 쌓아왔던 브랜드 역량이 투자자로서의 역량이거든요. 여긴 회사를 만들어야 하는 거예요. 매출 20억짜리 회사가 두 개 있다면 이 회사는 펀딩이 되고 저 회사는 안 되고, 하나는 가치가 얼마 나오는데 저 회사는 더 나오고, (투자자로서) 제가 쌓아온 브랜드나 역량이 이 차이를 만들 수는 있어요. 그런데 20억짜리를 만들 수는 없어요. 0에서 20억짜리를 만드는 건 경험이 필요한 파트고요. 시장에서 투자자와 성과를 내는 일 사이의 간극을 줄이는 데 2년 좀 넘게 걸렸어요.

투자자로서는 그렇지만 2년~2년 반 정도 해오면서 우리의 실제와 사람들이 바라보는 삶 사이의 간극을 메울 수 있었던 건, 아주 역설적으로 제가 사업가로서 성공 경험이 없었기 때문에 가능하다고 생각해요. 투자로 돈 버는 건 해봤는데 직접 사업으로 궤도에 올라본 적은 없어서 역설적으로 너무 하고 싶은 게 없다는 게 갭을 좁힐 수 있는 가장 큰 요인이 되었죠. 극복되기 시작하면서 이젠 균형이 맞춰진 상태라 생각합니다.

어떤 점이 힘드세요? 신사업이든, 사람이든?

대개 사업은 한 사람이 하나를 하잖아요. 압축적으로 5년 동안 6개를 하다 보니 경험이 제곱으로 늘어나요. 대부분 커버 가능한 영역이긴 한데, 큰 딜레마는 좋은 경영자가 되는 것과 좋은 사람이 되는 게 다르다는 거예요. 누구나 좋은 사람이 되고 싶잖아요. 좋은 경영자가 되려면 좋은 사람이 아닌 걸 택해야 할 때가 너무 많아요. 파트너사가 해결할 수 있는 건 안 올라와요. 이 말은 곧 가장 어렵거나 답이 없거나 나쁜 선택을 해야 할 것들만 올라온다는 거죠. 그런 것들만 올라오다 보니 좋은 경영자와 좋은 사람, 양립하는 게 정말 힘들다는 걸 인지하게 됐죠. 인정하기까지 시간이 걸렸어요.

창업한 순간 이미 브랜드 사업자…
그에 걸맞은 기준이나 철학이 있어야 한다

대표님이 생각하는 스타트업에 대한 정의가 궁금합니다.

특성은 하나밖에 없는 것 같아요. 모든 포커스가 '성장'에 맞춰진다는 게 유일한 특성 같아요. 때로는 현재를 희생해서 미래가치를 높이기 위한 노력을 하든지, 매년 5%씩 성장할 수 있는데 지금 자본으로는 안 되니까 20%씩 성장하기 위해 외부자본을 끌어온다든지, 전체적으로 자연스러운 폭의 성장이나 안정적인 수익성 등의 키워드와는 정 반대편에 있는, 단순한 성장보다는 초고속성장을 추구하는 특성을 갖고 있는 거죠. 네이버 사이트의 회사건 작은 기업이건 팀으로 시작했건, 어떤 조직이나 회사의 형태를 의미한다기보다는 그러한 지향점이나 특징을 가진 DNA가 있어야 한다고 봅니다.

그런 회사들도 성장률의 한계를 맞을 수 있을 텐데, 그런 경우에는 스타트업이라 하기 어려울까요?

기업의 현상태status를 놓고, 즉 성장세나 매출이익을 놓고 이 회사는 스타트업이다 아니다 판정하긴 좀 어렵죠. 경제학적으로 볼 때 한전은 계속 배당을 하니까 이걸 통해 성장할 생각이 많지 않다는 것이고, 구글은 한 번도 배당하지 않았거든요. 남는 돈을 다 투자해서라도 하고 싶은 일을 하는 것이죠. 현상태를 기준으로 일반적으로 통용되는 것— 숫자로 표현할 수 있고 없고— 를 떠나서 뭔가 지금보다 큰 영향력을 행사하고 싶어 하는 경영진이나 조직, 주주, 회사, 회사 내부 사람들의 총합이 그런 성향을 띠면 스타트업이라고 할 수 있거나, 아니면 되게 조직이 큰데 스타트업처럼 움직인다고 이야기할 수 있겠습니다. 두 개는 비슷한 거 같아요.

대표님에게도 브랜드가 중요한가요? 파트너사와 브랜드의 중요성도 이야기하나요?

"비즈니스 모델을 설명할 때 브랜드에 대한 이야기를 많이 합니다. 첫 번째는 저희가 원래 시작할 때는 소위 '버티컬 인커머스vertical incommerce'로 시작했고 두 번째로 나왔던 게 마켓플레이스 같은 온라인 플랫폼에 오프라인 서비스를 결합하는 것이었고, 그다음 생각한 게 여기에 제조시설 등 생산기반을 갖추고 우리가 생각하는 방향대로 제품이나 서비스를 설계해서 제공하는 것을 브랜드라고 파트너사 대표들에게 설명했어요.

푸드플라이를 하건 스트라입스이건 우리는 서비스라고 말하죠. 사용자가 받게 되는 최종 형태나 제품에서 작게는 조그만 포장, 원단, 제조방식까지에 우리가 생각하는 바가 전체적으로 맞춤화되어 있는 거죠. 우리가 브랜드 사업자가 되어야 하는 거니까 우리 회사들이 신경 써야 하는 건 기존과 다른 거라고 말하죠.

가령 푸드플라이를 마켓플레이스라 설명하면, 예를 들어 식당에서 음식을 잘못 만든 건 마켓플레이스 사업자가 보기에 우리 탓은 아니거든요. 식당 잘못이죠. 우린 연결만 하니까요. 그런데 우리가 이걸 브랜드 사업자라 생각한다면 레스토랑에서 나오는 제품부터 상호작용하며 설계해야 해요. 그렇게 설계가 되면 그건 자연스럽게 고객에게도 인식돼 '어떤 음식점에서 주문했어'가 아니라 '푸드플라이에서 주문했어'라고 말하는 시점이 언젠가 올 거라는 거죠. 만일 이미 그렇게 인식되고 있다면 서비스가 많이 퍼져서이건 아니면 우리 사업적 특성 때문이건 상관없이 이미 브랜드 사업자가 되는 거고, 그 순간부터 우리를 둘러싼 포장지와 알맹이에 대해 우리 생각이 있어야 한다, 기준이나 철학이 있어야 한다고 생각합니다. 이게 반드시 필요하다고 생각해서 2~3년 전부터 저희가 만드는 건 저희가 거의 다 컨트롤해요. 그런 형태의 회사들이 만들어지기 시작했고 기존의 회사들도 영향을 받아서 바뀌어가고요. 사업적인 관점에서 브랜드 사업자가 진화된 방향이라고 생각하면서 가고 있습니다.

아직 안 하신 분들은 해야 한다고 생각합니다. 창업을 해야 한다는 이야기가 아니라 이러한 특성을 가진 조직을 만들든지 거기서 일하든지 그런 건 반드시 해야 한다고 생각합니다. 그게 다음 세기의 사람들을 위한 학교라고 생각해요.

이미 하고 있는 분들에게는 사실은 굉장히 상투적인 응원 말고는 제가 조언할 수가 없어요. 스타트업이라 불리는 카테고리에서 창업해서 사업하는 분들이나 떡볶이 노점상을 하시는 분들 모두 내 리스크를 걸고 내가 생각하는 뭔가를 책임져야 하는 입장은 똑같거든요. 대부분 창업을 하고 나면 떡볶이집이나 김밥집 사장님이 대단해 보여요. 이게 조금 먼저 했다고 해서 조언 같은 걸 할 입장은 전혀 아닌 것 같고요. 창업이란 경험 자체는 잘되건 안 되건 지금 이 시대를 살고 있는 사람들에게는 무조건 좋은 경력이 될 거라 생각합니다.

5

브랜드 전략,
안에서부터 시작하라

"결국 브랜드는
우리가 만드는 것"

지금까지 사업전략이 곧 브랜드 전략이며, 모든 구성원이 왜 이 사업을 해야 하는지에 대해 끊임없이 고민해야 하는 이유를 살펴보았다. 스타트업이 존재이유를 지속적으로 고민하고 실행하면서 자신만의 정체성을 쌓아가고, 이를 한정된 리소스로 빠르게 알릴 수 있는 방법에 대해서도 다루었다.

이 모든 과정을 수행하는 데 가장 중요한 것은 무엇일까? 당연히 '사람'이다. 특히 스타트업일수록 브랜드가 나아가야 할 방향을 명확하게 이해하고 공감하는 사람들이 그 무엇보다 중요하다. 직원 수도 많고 시스템도 잘 갖춰진 기업에서는 일부 직원들이 회사의 방향성에 공감하지 못하거나, 이 사업을 왜 하는지 이해하지 못하더라도 큰 무리 없이 회사가 운영될 수 있다. 하지만 개개인의 역량이 기업 자산의 거의 전부라 할 수 있고, 소수의 구성원들이 다양한 업무를 동시다발적으로 처리해야 하는 스타트업에서는 한두 명의 무임승차자free rider만으로도 업무에 정체가 생기고, 조직 전체 분위기에 부정적인 영향을 미칠 수 있다.

명확한 의사결정의 기준, 자기다움

조직을 운영하다 보면 창업가의 고민이 깊어지는 시점이 있다. 조직이 성장하고 구성원이 늘어남에 따라 기존에는 일어나지 않았던 문제들이 발생할 때다. 창업 초기에는 공동창업자끼리 눈빛 한 번에 뜻이 통하고 한마디면 알아들었을 일에 혼선이 생기기도 하고, 의도가 제대로 전달되지 않는 데 답답함을 느끼기 시작한다. 우리는 이런 비전으로 창업했는데 나중에 합류한 직원들에게는 그런 취지가 중요하게 와 닿지 않는 것 같아서 답답하다고 느낄 때가 많아진다.

직원들도 피로하기는 마찬가지다. 창업 멤버들이나 초기 멤버들끼리 일할 때에야 서로가 속내를 다 알겠지만 늦게 들어온 사람은 그렇지 않다는 걸 왜 이해 못하나. 예전처럼 일사천리로 일이 진행되지 않는다고 답답해하는 경영진을 보면 괜히 자신이 무능해지는 것 같아서 자괴감이 든다. 서로의 입장이 다른 상태에서는 회의를 해도 깔끔하게 결론이 나지 않는다. 이러한 내부 의사소통의 혼선은 외부 고객과의 커뮤니케이션 누수로 이어진다. 초반에는 명확하고 일관되게 전달되던 브랜드의 메시지나 톤앤매너가 갑자기 다르게 표현되는 경우를 종종 맞닥뜨리곤 한다.

사실 이러한 현상은 스타트업이라면 어쩔 수 없이 겪어야 할 통과의례일지도 모른다. 수평적 의사결정 구조가 일반화된 스타트업일수록 회사의 방향성을 정하는 데 내부 구성원들의 다양한 주관이 반영될 가능성도 크다. 그만큼 구성원들 간의 의견 차이가 발생하기 쉬운 것. 브랜드의 존재이유이자 의사결정의 기준이 되는 '자기다움'을 구성원들끼리 공유하고 공감하는 '내부 브랜딩internal branding'이 필요한 이유다.

전통적인 회사라면 회사의 기준이든, 상사의 기준이든 일정 기간 동안 형성되어 직원끼리 공유해온 기준이 존재하게 마련이다. 한두 번씩 들어봤을 선진기업들의 '애플답다', 'GE Way', '현대카드스러움' 등을 떠올리면 이해하기 쉬울 것이다. 하지만 창업한 지 얼마 되지 않은 스타트업에는 그러한 가이드라인이 없는 곳이 대부분이다. 있다 해도 창업자의 머릿속이나 업무 프로세스에 녹아 있을 뿐 내부 구성원들에게 명확하게 체화되었다고 보기는 어렵다. 이러한 기준들을 공유하기 위한 노력이 부족한 것도 사실이다.

내부 브랜딩은 의사결정의 기준이기도 하지만, 고객들에게 제공하고자 하는 제품이나 서비스의 가치이기도 하다. 스타트업 가운데 내부 브랜딩을 잘하는 회사로 꼽히는 우아한형제들은 자신의 핵심 서비스 브랜드인 배달의민족과 관련한 '배민다움'을 지속적으로 전달함으로써 내외부적으로 성공을 거둔 좋은 사례다. 29CM 역시 자신들만의 브랜드 아이덴티티와 핵심가치, 퍼스낼리티 등을 규정하고 이에 맞는 이미지나 말투 등의 표현방법까지 문서화하여 임직원들과 공유하고 있다.

생활잡화를 만드는 스타트업 '로우로우rawrow'는 자사가 추구하는 본질적 가치를 '날 것raw'에 두고 "THINK LESS LIVE MORE"라는 슬로건으로 표현한다. 핵심에 집중한다는 그들의 아이덴티티는 내부의 조직문화로 고스란히 이어진다. 그들이 말하는 '로우로우 정신'은 다음의 5가지다.

- 단순한 일상을 위해 '단순한 진실'을 탐구한다.
- '나도 안 하는 짓'을 남에게 시키지 않는다.
- 창조보다 중요한 것은 양육이다.
- 이끌든가 따르든가 비키든가.
- '인격'이 없다면, 일할 자격도 없다.

이처럼 기업의 비전과 브랜드 아이덴티티가 조직 내부에서 동의되고 실행되고 마침내 체화되도록 하는 일련의 과정이 바로 내부 브랜딩이다.

그렇다면 내부 브랜딩은 어떻게 해야 잘할 수 있을까. 너무나 당연한 말이지만 내부 구성원끼리의 적극적인 공유가 필수적이다. 창업가들이 쉽게 하는 착각 중 하나가 인원이 많지 않으니 공유는 잘될 거라 믿는 것이다. 물론 규모가 큰 대기업에 비해서는 상대적으로 쉬울지 몰라도, 노력을 덜해도 된다는 의미는 결코 아니다. 동일한 메시지를 리더가 수십 번 반복해야 직원들이 알아들을 수 있다는 GE 잭 웰치 회장의 말처럼, 구성원들을 대상으로 끊임없이 알리고 대화하는 과정을 거쳐야 한다. 물론 공유의 대상은 단지 결과물만이 아닌 과정까지 포함되어야 한다. 회사나 브랜드의 핵심가치, 자기다움을 만드는 데 임직원들의 적극적인 참여와 의견이 반영되지 않는다면 공유가 아니라 공허한 주문에 불과하다.

스타트업은 비교적 신생 단계이기 때문에 창업자의 생각이나 성향이 회사 분위기에 거의 고스란히 반영된다. 개개인의 개성과 자율성을 최대한 존중하는 조직이 있는가 하면, 강력한 리더십을 바탕으로 명확하고 빠르게 움직이는 조직이 있다. 그 회사의 창업자가 그런 성향이기 때문이다. 으레 스타트업이라 하면 대기업에 비해 유연하고 자율적인 조직을 운영할 거라 생각하지만, 이처럼 제도나 시스템에 적지 않은 차이가 눈에 띈다. 예를 들어 어떤 스타트업은 '자율'을 조직운영의 핵심 키워드로 삼아 출퇴근 시간조차 엄격히 따지지 않는다. 언제나 원하는 시간에 출근하고 퇴근할 수 있으며 누구에게 보고할 필요도 없다. 업무단위를 책임지는 팀장 외에 다른 직책은 존재하지 않는다. 물론 자신이 맡은 업무를 문제없이 수행한다는 믿음과 상호 신뢰가 기반이 된다.

반면 또 다른 스타트업은 결국 이윤을 내는 것이 가장 중요하다고 생각한다. 따라서 강력한 리더십과 명확한 업무 프로세스를 기반으로 한다. 일방적으로 업무를 하달하는 방식은 아니지만 상위 포지션으로 갈수록 더 많이 책임지는 형태이고, 출퇴근 시간도 분명하다. 물론 퇴근 이후의 개인생활은 보장하면서.

과연 어떠한 스타트업이 더 좋은 성과를 냈을까? 조직에 대한 임직원 만족도는 어느 회사가 더 높았을까? 이들 두 유형의 스타트업은 업계 선두에서 사업을 확장해가고 있다. 조직운영이나 내부 구성원들과의 커뮤니케이션 방식은 극단적이라 할 만큼 다르지만, 이들 두 스타트업 리더들이 자신의 사업을 바라보는 관점과 하루하루 사업을 영위해가는 마음가짐은 모두 진지하다. 어떤 이유로 이 사업을 시작했고 사업을 통해 해결하고자 하는 과제가 무엇인지 명확했다. 그리고 이를 해결하기 위해 끊임없이 고민하고, 이것을 우리가 '왜' 해야 하는지를 모든 사업의 기본으로 삼고 있다는 것도 공통점이다. 아울러 내부 구성원들이 이러한 'why'를 명확하게 공감하고 있었다. 내부 브랜딩에서는 어떻게how 전달하는지 못지않게 일을 하는 이유why가 중요하다. 평소 이 'why'가 얼마나 내부에 공유되어 있는지가 내부 브랜딩의 핵심이다.

결국 내부 브랜딩의 중요성을 알고 이를 실행하려는 노력은 두 회사가 크게 다르지 않았다. 다른 것은 그것을 어떤 메시지와 시스템으로 실행하느냐 하는 구체적인 방법론일 뿐이다. 자율이 중요하므로 성과만 내면 출퇴근 시간은 따질 필요 없다는 논리도 타당하고, 자율은 기준이 있을 때 가치가 있다는 주장도 틀린 말이 아니다. 지금 잘나가는 회사의 제도를 따라 한다고 해서 우리 조직에서 잘 이행되리라는 보장도 없다. 그러니 섣불리 '정답'을 외우려 애쓰지 말고 자신만의 답을 찾는 데 집중하자. 특히 창업가가 어떤 회사를 만들고 싶었는지, 구성원들과 어떤 관계를 지향하는지 그렸던 그림이 내부 브랜딩의 주요 기준이 되므로, 창업가라면 내부 브랜딩을 위해서라도 자신에 대한 성찰을 게을리해서는 안 된다.

사람은 쉽게 변하지 않는다. 우리와 잘 맞는 사람을 찾자

그러나 이때 간과해서는 안 될 것이 있다. 창업가가 아무리 명확한 가이드라인을 만들고 다양한 형태로 교육하고 조직문화를 만들더라도, 상대방이 그것을 어떻게 인식하고 받아들일지는 강제할 수 없다는 것이다.

사람은 잘 변하지 않는다. 생각이나 가치관이 다른 사람을 채용해 변화를 기대하기란 쉽지 않다. 최소 20년 이상 다른 환경에서 각자의 가치관을 형성하며 살아온 사람들을 공통된 기준에 억지로 끼워 맞추는 것은 현실적으로 불가능하다. 간혹 급한 대로 적당해 보이는 사람을 뽑아놓고 '앞으로 차근차근 가르치면 되지'라고 편하게 생각하는 창업자들이 있는데, 그렇게 해서 좋은 결과를 낳는 경우는 별로 없다. 더러는 인성이 좋은 사람과 역량이 뛰어난 사람 중 누구를 뽑아야 할지 고민하기도 하지만, 스타트업이라면 무엇보다 비전을 공유할 수 있고 삶의 방향이 같은, 흔히 말하는 '핏fit'이 맞는 사람을 찾아야 한다. 실제로 많은 스타트업 대표들은 핏이 맞는 사람을 찾는다고 입을 모아 강조했다. 그래야 자원의 누수 없이 한 방향으로 속도를 맞춰 달릴 수 있기 때문이다.

어떻게 해야 핏이 맞는 사람을 찾을 수 있을까? 일반적으로 대부분의 채용 인터뷰는 직무적합성이나 전문성에 초점을 맞춰 진행된다. 그러나 한두 시간 안에 상대방을 정확히 파악하기란 불가능하다. 해온 업무나 역량을 확인할 수는 있겠지만 우리와 같은 생각을 하며 희로애락을 함께할 구성원을 찾기는 쉽지 않다. 전원 면접, 심층 면접 등 다양한 기법(?)이 동원되기도 하는데, 그중 프릳츠의 독특한 채용방식을 소개하고자 한다. 핏이 맞는 사람을 찾기 위한 힌트를 얻을 수 있을 것이다.

프릳츠는 창업 초기부터 채용에 상당한 노력을 기울였다. 제출서류 양식도 따로 가지고 있는데, 여기에는 프릳츠만의 특별한 질문들로 채워져 있다. '설탕 vs. 소금', '앞자리 vs. 뒷자리', '청바지 vs. 면바지', '콜라 vs. 사이다', '흰색 vs. 검정색' 등의 문항을 40~50개 정도

주고 그중 선호하는 것을 고르라는 형식이다. 왜 이런 질문을 하는지 묻자 "지원자가 얼마나 훌륭한 사람인지 보기보다 프릳츠에 적합한 사람인지만 궁금해서"라는 대답이 돌아왔다. 이들 질문에 당연히 정답은 존재하지 않는다. 선택하는 맥락을 보며 지원자의 성향을 파악할 뿐. 그 후 지원자가 왜 그 답을 택했는지에 대한 질문이 이어진다. 예를 들어 '뒷자리를 골랐는데, 어떤 것의 뒷자리를 떠올렸는가?'라고 물으면 저마다 대답이 다르다고 한다. 교실의 뒷자리나 버스의 뒷자리를 떠올리는 사람이 있는가 하면, 소수점 뒷자리로 인식한 사람도 있다고 한다. 이 밖에 프릳츠가 앞으로 나아갈 방향이나 밖에서 바라본 프릳츠는 어떠한지 묻는 질문이 이어진다.

그런 다음 매장에서 한두 시간 정도 실제로 일을 해보게 하고, 마지막으로 식사면접을 진행한다. 같이 저녁을 먹고 싶은 직원은 누구나 참여할 수 있다. 이 자리에서 의외의 모습을 보이는 지원자들이 있어 채용의 결과가 막판에 바뀌기도 한다고 한다. 이 모든 과정은 경험과 직무의 숙련도도 중요하지만 궁극적으로 프릳츠와 핏이 맞는지를 가장 우선으로 본 것이다. 그 결과 커피와 관련된 일을 한 번도 해보지 않은 사람이 바리스타로 채용되기도 한다.

"누구에게나 처음이 있을 텐데 저희마저 처음을 제공하지 않으면 그 사람의 인생에 시작이 없을 것 같습니다. 그래서 빵에 대한 숙련도보다는 우리와 적합한 사람인지를 중요하게 봅니다." 김병기 대표의 말에서 채용의 무게중심이 어디에 있는지 가늠할 수 있다.

스타트업뿐 아니라 브랜딩 업계에서도 가장 주목하고 있는 트렌드 중 하나가 바로 내부 브랜딩이다. 최근 내부 구성원들의 사소한 잘못으로 브랜드 이미지가 훼손되고 회사 전체가 위기를 맞는 일도 늘어나고 있다. 발생한 지 몇 년이 지난 지금까지 전해지는 대기업의 부적절한 행동뿐 아니라, 대표의 도덕적 해이나 잘못된 처신으로 어려움을 겪는 스타트업의 사례도 심심치 않게 들려온다. 결국 이 역시 내부 브랜딩과 무관하지 않다. 브랜드 관리를 잘한다는 기업들이 과하다 싶을 만큼의 가이드라인을 갖고 구성원들과 자신의 정체성을 지속적으로 공유하는 것은 이러한 상황을 미리 방지하기 위해서다.

소수의 인원으로 구성된 스타트업이지만 대표 혼자 모든 것을 챙기거나 관리하기란 버겁다. 그렇기 때문에 내부 브랜딩이 더욱 필요하다. 사업을 하는 'why'를 구성원들과 공유하고 만들어가는 내부 브랜딩이 잘된다면 창업가가 사업의 모든 영역에 개입하지 않아도 원활하게 돌아갈 것이다. 거듭 말하지만 내부 브랜딩은 새로운 제품이나 서비스의 방향성, 고객을 향한 브랜드 커뮤니케이션은 물론, 내부 구성원들을 동기부여하는 출발점이기 때문이다.

이런 면에서 볼 때, 창업 단계에서 맞닥뜨릴 가장 고통스러운 순간은 내부 브랜딩이 삐걱일 때인지도 모른다. 사람의 문제야말로 가장 풀기 어려운 과제다. 스타트업 투자 및 양성에 힘을 쏟고 있는 프라이머의 권도균 대표는 "사업은 인격수양의 길이다"라고 말한다.

"경영은 사람과 함께 특정한 목표를 달성하는 일입니다. 협업입니다. 사람의 문제가 가장 어려운 문제 중 하나입니다. 아직 회사의 사업이 단단해지지 않은 상태이기 때문에, 또 대표 스스로가 여전히 초보 사장이기 때문에 본인의 불만보다 직원들의 입장을 이해하는 데 더 많은 에너지를 써야 합니다."

이처럼 어렵지만, 그렇기에 더욱 포기할 수 없는 것이 구성원과의 내부 브랜딩이다. 내부 브랜딩이야말로 스타트업의 궁극의 경쟁력이며, 이는 명확한 방향성이나 가이드라인의 정립은 물론 조직문화나 채용과도 필수적으로 연계되어야 한다. 브랜드 전략은 안에서부터 시작해야 하고, 결국 브랜드는 구성원들이 만들어가는 것이기 때문이다.

모두가 경청하지
않는 게 당연…
그럼에도 주저하면 안 된다

스마트스터디 | 박현우 대표

동요 콘텐츠 '핑크퐁'은 2017년 10월 유튜브 조회수 10억 뷰를 돌파하며 '뽀통령'의 뒤를 이어 유아동 콘텐츠 시장의 강자로 확실히 자리매김했다. 2010년에 '교육불평등을 해소할 수 있는 모바일 디바이스'를 만들겠다는 취지로 공동 창업한 스마트스터디는 이러저러한 시도와 시행착오를 거쳐 동요 시장에서 두각을 나타냈다.

박현우 대표에게 내부 브랜딩에 대해 물었더니 "가장 중요한 건 다양성의 존중"이라는 대답이 돌아왔다. 창업가가 생각하는 회사와 구성원이 생각하는 회사가 같은 모습일 수는 없다는 것. 그럼에도 창업가로서 방향성을 말하는 데 주저하면 안 된다는 것이 대표로서 그의 신념이다.

<u>'핑크퐁'은 어떻게 태어나게 되었나요?</u>

처음에는 같은 건물의 삼성출판사가 콘텐츠를 많이 보유하고 있다 보니, 거기서 무언가 받아오면 잘 만들어볼 수 있지 않을까 생각했습니다. 처음에는 영어교육 쪽이 잘될 줄 알았는데 오히려 재미있는 동요 콘텐츠가 팔렸어요. 그 연령대에 대한 연구나 모바일 콘텐츠에 대한 이해가 그때는 부족했던 것 같고요. 그 후로 동요를 계속 만들어왔는데 100~200편을 만들고 보니 저희가 동요를 부르는 이름이 제각각인 걸 알게 됐어요. 동요라는 카테고리에 종류별로 숫자송, ○○송 등으로만 나누어져 있지 통칭하는 무언가가 없더라고요. 당시 키드퐁, 베이비퐁이라는 이름으로 인터랙티브 콘텐츠를 집어넣은 앱들이 있었는데요. 거기에 이미 분홍색 여우 캐릭터가 있었어요. '그럼 저걸 앞으로 내보내서 그 이름을 중심으로 해보는 게 어떨까?' 하고 (공동 창업한) 김민석 대표가 이야기하면서 이 캐릭터가 '핑크퐁'이란 이름으로 통칭되기 시작한 거죠.

<u>스마트스터디에 의미 있는 변곡점이나 마일스톤이 있었나요?</u>

다른 회사도 속사정은 비슷하겠지만, 외부에서 저희를 매출이나 회원수로 평가하자면 비교적 완만하게 성장했다고 보일 것 같습니다. J커브를 그리면서 급성장했다거나, 아주 큰 데스밸리를 겪은 것도 아니니까요. 저희는 사업을 피봇^{pivot}하기보다는 사업을 추가해왔는데, 사업마다 전부 사연이 있지만 다 합쳐서 바라보니 완만하게

(사진 : 스마트스터디 제공)

온 것처럼 보이는 거죠.

가장 큰 변곡점이라면 시장의 변화를 실감하면서 성과나 매출에서 큰 부침을 겪은 거죠. 동영상 플랫폼을 만들어야겠다는 생각으로 이 일을 시작했지만, 한국에도 유튜브, 넷플릭스 등이 들어오고 큰 기업들이 진입하면서, 이쪽으로만 사업을 해야겠다는 생각이 좀 줄어들었습니다. 또한 예전에는 앱을 왕성하게 만들었는데, 요즘은 사람들이 한 달에 앱 하나도 채 깔지 않는다는 사실을 알게 되면서 저희 비즈니스가 밑 빠진 독에 물 붓기가 될 수 있다고 생각했어요. 다행히 그런 와중에도 콘텐츠랑 IP를 계속 생각했기 때문에 앱이나 플랫폼에만 의존하지 않고, 가령 유튜브가 들어오면 유튜브에 과감히 투자했고요. 나아가 누군가는 '왜 책을 만들어?'라는 의문을 가졌지만 오프라인 상품에도 계속 투자해 인형이나 교구도 만들면서 리스크 헤지를 했어요. 앱도 다시 준비했고요.

'내 회사'라고 오해하는 순간
내부 브랜딩이 어려워진다

<u>브랜드 관점에서 '핑크퐁답다'는 것을 정의하면 어떤 것일까요?</u>

제 생각에는 '가장 재미있는 유아동 콘텐츠'가 아닌가 합니다. 저도 아이를 키우면서 수많은 동요나 콘텐츠를 즐겨봤지만 둘 중 하나였던 것 같습니다. 첫 번째는 어른의 관점에서 아이에게 이런 걸 보여줘야 좋겠지 하는 거예요. 두 번째는 부모들 보기에 교육적이거나 바람직한 콘텐츠를 넣어주면 아이들에게 보여주겠지 하는 관점으로 양분되어 있다고 생각해요. 그런데 핑크퐁은 절대 그렇지 않거든요. '이제 신나게 놀아볼까!'라는 식이죠. 그 지점에서 과거의 의미 있는 콘텐츠들과 달리 재미있는 콘텐츠로 넘어올 수 있었어요.

아이가 기본적으로 재미있어해야 반복해서 그것을 즐길 수 있다고 보거든요. 그 후 교육적인 것을 입혀야 효과를 볼 수 있죠. 저희가 타깃으로 삼은 7세 미만은 놀이와 교육이 완전히 분리되지 않은 연령대예요. 아이가 노는 과정에서 자연스럽게 행동하고 배우기 때

문에 가장 큰 핵심은 재미죠. 어떤 교육적인 내용을 갖추고 있는지
는 일단 재미를 갖춘 후에 의미가 있다고 생각합니다.

핑크퐁 브랜드만의 비주얼과 디자인 전략에 대한 소개를 부탁드립니다.

출발은 김민석 대표의 스케치에서 시작된 핑크 사막여우인데요.
《어린 왕자》에 나오는 '어린 왕자'와 '사막여우'가 동일인물이라면?
이런 상상으로 만들어졌습니다. 그래서 여우치고는 귀가 크고, 왕관
과 별목걸이를 착용하고 있죠. 여기에 단순히 여우니까 여우털색을
입히기보다는 어린아이들이 한 번에 보고 기억하기 쉬운 핫핑크색
을 입혀 오늘의 '핑크퐁' 캐릭터가 만들어졌습니다.

브랜드 관리가 쉽지 않을 것 같아요. 브랜드를 관리하는 직원들이 몇 명이죠?

전체 직원 200여 명 중 10명 정도가 핑크퐁 브랜드를 관리 운영
하고 있습니다. 과거에는 핑크퐁의 외형이나 색상에 집중했다면 최
근에는 메시지도 고민하고 있어요. 제품의 글귀나 뮤지컬 진행자의
톤앤매너, 커뮤니케이션 시 메시지, 푸시 노티피케이션push notification
을 보낼 때의 억양 등에 신경을 많이 쓰고요. 기본적으로 소비자가
처음 느끼는 것은 외형일 테니 외형의 정리가 가장 우선시되었지만,
이런 것을 더 깊이 있게 만들고 차별성을 부여하는 것은 '메시지'라
고 생각합니다.

제가 요즘 주의하는 것 중 하나가 옛날이야기를 하는 건데요. 올
해(2017년) 6월 1일 회사 창립기념일에 제가 대표 취임을 하게 되어
발표를 준비했어요. 7주년이다 보니 사진첩 같은 것을 많이 찾아보면
서 이제까지 어떻게 해왔는지 등을 넣어야겠다고 생각했는데, 준비
하면서 제가 아는 스마트스터디와 직원들이 알고 있는 스마트스터디
가 같지 않다고 느꼈습니다. 제가 상당히 많은 부분들을 알고 이해
하고 있다고 착각하고 있더라고요. 아무래도 공동창업자다 보니 그
랬던 것 같은데, 제가 알고 있던 영역은 아주 작더라고요. 그런 착각
에서 벗어나서 제가 할 수 있는 것과 제가 감당할 수 있는 크기를 잘
설정하고 이야기하는 게 중요한데, 그런 인지를 잊어버리거나 '내 회
사'라고 오해하는 순간 점점 어려워지는 것 같아요.

창업 멤버 3명의 역할을 물어보셨는데 시기마다 너무 달랐고, 초
창기에 저희가 그래도 망하지 않고 올 수 있었던 것은 셋의 개성과
추구하는 방향이 달랐기 때문에 저희끼리 레버리지leverage나 헤징
hedging을 했다고 생각은 합니다. 그래도 한 가지 남은 게 있다면 그
때나 지금이나 남들과 다른 것, 다른 회사와 다른 것을 추구하는 의
식은 변하지 않았다고 생각합니다. 그 외의 사항들은 이후에 들어오
신 분들이 전부 만들어왔지, 저희가 더 한 것은 아닌 것 같습니다.

많은 스타트업이 창업주의 영향력에서 벗어나지 못한다고 생각하는데, 스마트스
터디는 외형적으로나 사업 형태로나 이 법칙을 지나온 것 같아요. 7년 전부터 있
던 분과 올해 온 분들의 스마트스터디는 다르게 느껴질 수밖에 없겠네요.

네, 한 번은 옆자리 디자이너에게 '아, 내일모레면 6월 1일이네요'
라고 했더니 그분이 '그게 왜요?'라고 묻더라고요. 그분에게는 창립
기념일이 크게 와 닿지 않는구나 느꼈어요. 스마트스터디는 저를 중
심으로만 돌아가는 것이 아니라 각자의 중심이 있다는 걸 또 깨닫
고 반성했죠. 아, 내일 이런 식으로 내가 말하면 '저 사람은 또 자기
이야기만 하네'라고 생각할 것 같더라고요. 여기는 각자의 스마트스
터디가 200개 있는 것이지, 저의 스마트스터디가 200개 있는 건 아
니죠. 그런 식으로는 발전하지 않을 거고요. 물론 목표가 있어야 하
겠지만 비교적 큰 목표를 공유하고 가는 게 맞는 것이지 '다 나랑
똑같이 생각해야 해'가 되면, 저희 같은 콘텐츠 회사에는 좋은 목표
가 아니라고 봅니다. 가장 중요한 것은 '다양성의 존중'이겠죠.

200명 가까운 사람들의 다양성을 존중하면서 가는 것도 만만치 않을 것 같아
요. 연중 무제한 휴가에 출퇴근시간도 자유로운 조직이라는 점이 인상적인데 스
마트스터디만의 특별한 조직문화로는 무엇이 있을까요?

그 부분은 선택이었습니다. 열어두면 관리가 어려울 수 있지만,
한편으로 이것을 챙기는 것 자체가 업무로서 어려워질 수 있어요.
예전 직장에서 제가 출퇴근 도장 프로그램을 그룹웨어에 만들었는

데, 굉장히 괴로웠습니다. 사람들이 그걸 자꾸 오용^{abusing}했거든요. 집에서 출근부를 찍길래 IP를 막자는 이야기도 있었고, 막으면 VPN을 통해 로그인하거나 컴퓨터를 켜놓고 옆자리 사람에게 눌러달라고 해요. 또 어떤 사람들은 불평합니다. '나 5분밖에 안 늦었는데 왜 지각이냐? 5분 늦게 집에 가면 되는데'라는 식이에요. 어떤 규제나 시스템은 만들면 만들수록 오용이 많아지고, 그것을 검출하기 위한 노력도 지수적으로 증가합니다.

그래서 스마트스터디는 실험 중이에요. 30~50명일 때 비교적 잘 돌아갔고, 지금 200명일 때도 작동은 하고 있습니다. 하지만 이런 방식이 언제까지 잘될 거냐고 묻는다면 저도 잘 모르겠어요. 다만 저희가 관리하는 것보다 '각자 성인이니 알아서 해주시고 주위에 피해가 안 가게 해주십시오'라고 말하는 게 전부인데, 무언가 관리를 하려는 순간 제가 이전 회사에서 경험했던 악순환에 빠지거든요. 저희는 그 비용이 너무 아깝다고 느꼈고, 그런 데 시간을 투자하고 싶지 않았어요. 저희가 애초 성선설을 추구하는 사람들도 아니고, 그저 업무를 효율적으로 하기 위한 수단이라고 바라봐주시면 좋겠어요. 무엇보다 아직 저희도 실험 중이고요. 직원이 300명이 되어도 유지할 거냐고 묻는다면 잘 모르겠는데요. 하지만 그게 안 되고 업무의 비효율을 가져오는 시점까지는 계속 실험해볼 생각입니다.

제도화되는 것도 문제인 것이, 조직에는 그런 걸 추구하는 사람도
있고 아닌 사람도 있다고 보거든요. 가령 문화공연비를 회사에서 제
시하거나 의무화하면 어떤 구성원은 문화공연비를 얼마밖에 못 썼
다면서 상대적 박탈감을 느낄 수도 있어요. 오히려 (공연을) 가고 싶
어 할 때 막지 않는 것이 더 좋다고 봅니다. 대표적으로 저희가 휴가
일수를 무제한으로 뒀는데, 한때 외부에서 '그럼 대표가 휴가 가는
일수만큼 직원들이 눈치 보면서 쓰는 거 아니냐' 하는 이야기도 나
와서 휴가를 25일로 정한 적이 있어요. 그러고 나니 불만이 나오기
시작하더라고요. '나 올해 20일밖에 못 썼는데 5일 손해 봤네'라는
식이죠. 제약을 걸었을 때 그러한 불만들이 더 쌓이는 것 같아요.

사실 굉장히 귀찮고 힘든 일이에요. 그래서 개인들에게는 오히려
어려운 회사예요. 새로 오신 분들은 '저 휴가 어떻게 써요?'라고 물
어보거든요. 그럼 '팀원들과 상의하세요'라고 답을 드려요. 연차 내고
관리, 감독하는 시스템을 두는 게 회사 입장에서도 오용이 생기기
전까지는 쉽습니다. 하지만 아직까지는 내부에 이런 제약조건을 두
지 않는 것이 답이 아닌가 생각해요. 사회에서 법보다 사회적 공감이
중요할 때가 있는 것처럼, 회사에서도 공감을 키워나가고 토론하는
것이 더 옳다고 봅니다. 처음 보는 분들은 왜 이렇게까지 해야 하나,
이렇게 해서 얻는 게 뭐냐고 할지 모르겠지만, 반대급부를 경험해보

거나 관리비용을 감당해보기 전에는 알기 어려운 것 같습니다. 제가 이전 직장인 한게임에서 100명도 안 되던 직원이 수천 명까지 늘어나는 걸 경험했거든요. 그 과정에서 빠른 성장의 단점을 겪었기 때문에 이렇게는 하지 말아야지 하는 생각이 있었던 것 같습니다.

스마트스터디는 직원들과 대표님이 서로에 대한 믿음 혹은 비전 공유가 잘돼 있는 것 같아요. 그게 영향을 미치는 것 아닐까요.

네, 그렇죠. 불신은 불신을 낳고 결국 시스템과 제도로 이어질 수밖에 없다고 생각합니다. 직원이 수천, 수만 명이라면 제도가 없으면 혼동이 오잖아요. 하지만 더 많은 기대를 할 수 있는 건, 저희보다 더 크고 오래된 조직도 믿음에 기반해 움직이는 곳들이 있잖아요. 구글이나 애플에 규율이 없는 건 아니지만 기본적으로 믿음이나 신뢰가 존재하고 그 위에 시스템이 세워져 있다고 생각합니다. 구글이나 애플, 페이스북을 외부에서는 마냥 편하고 좋은 직장이라 볼 수도 있지만 정말 촘촘한 인사, 평가 시스템이 있는 회사거든요. 다만 그 시스템이 불신 위에 돌아가는가, 신뢰 위에 돌아가는가는 다르다고 봅니다.

신뢰나 믿음, 비전 공유는 어떤 식으로 하시나요?

지난 발표 때도 느꼈지만 이제는 모든 사람들이 제 이야기를 경청하지 않는 게 분명하고 당연하다고 봅니다. 그럼에도 저의 생각이나 방향, 리더들의 방향을 이야기하는 걸 주저해선 안 된다고 봐요.

모두에게 전파되지 않더라도 어느 조직에 새로 들어온 누군가, 그리고 매너리즘에 빠진 한두 명에게라도 전파된다면 그 노력을 그만두어서는 안 되는 거죠. 오래 걸릴 수는 있겠지만 제가 말하면 누군가 자의적으로 판단해서 또 주변 사람들과 이야기하는 형태가 되어야 한다고 생각해요.

앞으로는 이렇게 발표하는 것도 어려울 것 같아요. 직원 수도 오피스도 늘어나고, 다른 타임존에 있는 직원들도 늘어갈 테니 영상이나 글로써밖에 공유되지 않겠죠. 그럴 경우 전파력은 더 떨어질 거고요. 그럴수록 중요한 건 사람들이 받아들이거나 목표로 생각할 수 있는 정교한 메시지 같은 거라고 봐요. 40분씩 이야기해도 사람들이 가져가는 건 한 문장 정도거든요. 그래서 메시지가 중요한데, 좁으면 뾰족하게 할 수 있지만 넓으면 뭉툭하고 연할 수밖에 없잖아요. 계속 노력하는 수밖에 없겠죠. 저와 같은 비전이나 의견을 가진 사람을 많이 늘려서 방향성을 공유하고 그들이 또 타인에게 반복해서 이야기할 수 있어야겠죠. 그걸 포기하는 순간 더 어려워질 거거든요. 남들이 귀찮은 잔소리로 생각해도 지속적인 노력은 필요하다고 생각합니다.

이런 이야기가 대표님의 자신감이라고 느껴지거든요. 예전 회사에서의 경험일 수도 있고, 이렇게 할 수 있는 원동력은 무엇일까요?

거시적으로는 사람에 대한 믿음이 있을 때만 가능하다고 생각하고, 작년 말까지도 직원들과 100회 이상 면담을 진행했습니다. 이런 시간 투자를 주저하지 않았고, 그런 시간이 없을수록 직원들과의 거리가 더 멀어질 거라 생각해요.

사원에서 여기까지 오는 15~17년 동안 제가 경험한 것들이 있기 때문에, 지금 조직에서 성장하고 역할을 맡고 조직을 담당하는 사람들을 좀 더 잘 이해할 수 있다고 생각합니다. 평범한 게임 개발자로 시작해서 여기까지 오랜 시간이 걸려서 왔는데요, 이런 제 경험을 '내가 옛날에 어땠어'라는 식이 아니라 다른 사람들을 이해하는 데 쓰는 거죠. 저도 금세 과거를 잊고 경직된 모습으로 조직을 이끌어 갈 수도 있겠지만, 아직까진 노력하고 있습니다. '내가 이랬어, 요즘 친구들은 나약해'라고 이야기하는 분들도 적지 않은데 그런 식의 사고는 어떠한 발전도 없다고 생각합니다. 저도 사실 그런 유혹을 많이 느껴요. 과거에 어렵게 일해왔으니까요. 그런데 바뀐 시대는 빨리 인지해야죠. 내 잣대가 아닌 사회의 상황으로 평가해야죠. 저희야 어렸을 때 회사에서 잠도 자고 박봉을 받으며 다녔지만, 그런 걸 반복해서는 안 된다고 생각하거든요.

저를 처음 회사에 불러주신 분에게 많이 배웠어요. 그분은 삼성 SDS 출신으로 한게임 초기 멤버이고 지금도 현역으로 활동 중이신데, 그분이 저에게 보여주신 자세나 방법 등을 지금은 제가 따라 하고 있거든요. 당시 그분은 경력도 나이도 저보다 훨씬 많은 프로그래머였는데, 제가 어리거나 잘 모른다고 해서 틀렸다고 지적하기보다 하게 놔두고 결과에 대해 다시 묻는 식으로 대하셨어요. 그분을 보면서 다른 사람의 말을 듣는 게 우선이라고 배웠고, 5년 동안 같은 조직에서 일종의 멘토처럼 보고 배웠습니다.

비용최적화로서의
브랜딩

핑크퐁 브랜드를 사용하고 좋아하는 사람들이나 커뮤니티가 있나요?

저도 굉장히 궁금해지는 부분인데요. 왜냐하면 팬덤은 표현될 때 비로소 느낄 수 있는 건데, 저희가 타깃으로 삼는 연령대의 아이들이 저희가 인지할 수 있는 수단으로 표현하거나, 인터넷에 글을 남기거나 하진 않을 것 같아요. 다만 느낄 수 있는 건 이걸 소비하는 아이들의 부모들이 남겨주는 반응이에요. 예전보다 긍정적으로 생각하는 건데요. 같이 소비하는 부모님이나 삼촌 이모들도 우리를 인지하고 '핑크퐁 음악 너무 재미있어, 중독성 있어' 하면서 아이들이 콘텐츠 소비하는 모습을 찍은 영상이나 사진을 올리거든요. 이게 저희가 이해하는 팬덤이죠.

가장 어려운 점은 그 소비층과 직접 커뮤니케이션할 수 없다는 거고요. 그들의 반응을 저희는 데이터로밖에 못 보니까요. '어떤 콘텐츠를 오래 보는가, 어떤 콘텐츠가 가장 많이 조회되는가'이지 그들로

부터 직접 의견을 듣는 것은 아니잖아요. 저희가 직접 듣는 반응은 유튜브를 보다 아이가 남긴 'ㄴㄴㄴㄴㄴㄴㄴㄴㄴㄴㄴㄴ' 같은 거거든요. (웃음) 저희 팬덤이라 할 수 있는 거겠네요. '상어 가족' 5억 뷰 밑에 달린 이상한 댓글들이 저희 팬들이 남겨주신 댓글이니까요.

대표님이 생각하는 스타트업의 정의는 뭘까요?

예전부터 생각해왔는데 스타트업은 하나의 가치를 위해 나머지 것을 포기할 수 있는 조직이라고 생각해요. 회사는 규모가 커지고 업력이 쌓이고 레거시가 쌓이면 그런 선택들을 잘 못하게 됩니다. 피봇을 하거나 비즈니스 모델을 버리면서까지 하나의 큰 가치에 목을 매고 그것만 바라보고 움직일 수 있는 조직은, 그 규모와 무관하게 스타트업이라 부를 수 있다고 봅니다. 예를 들면 페이스북이 스타트업인지 아닌지 물었을 때 규모로만 한정한다면 답을 내기 어렵겠죠. 제 생각에는 어떤 하나의 기준과 가치를 위해 다른 모든 것들을 버려도 괜찮은 조직일 때 스타트업이라 부를 수 있지 않나 싶습니다.

대표님이 생각하는 브랜드란 무엇인지요?

욕먹을 수 있는 답일지도 모르지만 브랜드는 비용최적화라고 생각합니다. 왜냐하면 우리가 여러 콘텐츠와 상품을 만들고 제품으로 판매하는 과정에서 하나하나를 개별적으로 인식시키고 장점을 설명하는 데 시간과 노력을 기울이는 건 낭비라고 생각해요. 우리가 시시콜콜 설명하지 않아도 '아, 핑크퐁이야?'라고 한 번에 생각해줄 수 있는 부분을 만들어가야죠. 다른 식으로 설명하자면 소비자의 사랑을 얻는다거나 인지도를 높이는 과정으로 말할 수도 있는데요. 기업의 관점에서는 비용최적화라고 봅니다. 우리가 좋은 폰트를 만들고 인지될 수 있는 로고를 만들고, 또 그런 것들을 사용자 경험에 녹여서 제품 하나하나를 포장하는 행위가 이 하나에 초점을 맞추고 있다고 개인적으로 생각합니다.

사실 이런 브랜드 인식이 과거에는 상품판매원이나 마케팅으로만 실행됐는데 이런 방문판매나 텔레마케팅은 지속하면 할수록 쌓여가는 게 아니라 지속적으로 비용이 커지는 구조거든요. 하지만 브랜드 커뮤니케이션 관점으로 요즘 진행하는 것들은 누적된다고 생각하고요. 그렇기 때문에 조심스러워야 하고 방향을 잘못 잡으면 굉장히 고치기 어렵습니다. 누적되는 것이니까 더욱더 잘해야죠.

이제 시작하는 스타트업 창업자들에게 당부하고 싶은 말씀이 있다면요.

프로그래머로 오랜 기간 살아왔고, 오픈소스 프로그래밍을 하면서 많은 분들께 가르침이나 교훈을 받았는데 가장 와 닿은 것은 '그 결과물과 자신을 동일시하지 말라'는 이야기인 것 같습니다.

창업가들을 보면 제품과 서비스를 본인과 동일시하는 경우가 많습니다. 당연히 그럴 수밖에 없죠. 내가 만든 자식 같은, 떼어놓을 수 없는 제품이나 서비스나 회사니까요. 하지만 그런 생각이 나중에 합류한 동료들에게 좋지 않은 영향(박탈감)을 줄 수 있거든요. 또한 객관적이고 필요한 비판들도 잘못 받아들이게 되는 것 같아요. 제품에 대한 비판을 나에 대한 비판으로 보기도 하는데 그러면 좋은 결론이 나기 힘들죠. 제품에 대한 이야기나 소비자의 의견이 나 자신이나 회사에 대한 이야기가 아니고 제품이나 서비스에 대한 것임을 인지할 때 비로소 발전이 있잖아요. 같이 일할 때도 마찬가지인 것 같아요. 내가 만든 UI^{User Interface} 그래픽에 대해 누군가는 좋게 이야기하지 않을 수도 있어요. 올바른 대화법이 아니라면 개선해야겠지만, 그와 달리 제품이나 결과물에 대한 비판은 받아들여야 발전이 있다고 봅니다. 회사에 대해서도 마찬가지예요. 지나친 자기중심적 사고에 빠지기 쉽죠. 창업가 본인이 그러면 남들을 힘들게 할 수 있어요.

혹자는 '넌 열정이 없는 거 아니야'라고 할 수도 있지만 전 열정하고는 무관하다고 봅니다. 열정은 어떤 목표를 달성하고자 하는 의지이기 때문에, 그건 제품이나 회사를 객관적으로 바라보는 것과는 다른 의미라고 생각해요. 오히려 그렇게 생각해야만 더 열정적이 되고 힘을 내서 갈 수 있다고 봅니다.

6

사람이 먼저
브랜드가 되어야 한다

"그분 때문에
투자하는 겁니다"

스타트업을 시작하거나 다른 회사를 다니다가 창업하게 되면 이제껏 하지 못한 경험을 할 때가 많다. 그중에서도 '내가 창업했구나' 하고 가장 실감할 때가 바로 회사를 소개할 때다. 그때의 불편함이라니. 새롭게 시작하는 회사이기에 남들이 모르는 것도 당연하지만, 나름대로 열정적으로 소개해도 상대방은 심드렁할 뿐 명확한 인상을 남기기 어렵다.

스타트업이나 1인 기업 모두 개인으로 시작하는 회사들이다. 완벽한 제품이나 서비스로 시작하기보다는 열정이나 가능성으로 출발하는 경우가 많다. 수많은 변화와 시행착오가 일상인 스타트업은 업무의 대부분을 사람에 의존한다. 회사의 브랜드를 구축하거나 PR

할 때도 마찬가지다. 실제로 회사를 소개할 때 제품이나 서비스, 비전보다는 창업가들에 대한 이야기로 풀어가는 경우가 많다. 이를테면 '얼마 전 구글에 회사를 매각한 사람이 시작한 회사야', '네이버 초기 멤버들이 만든 회사라더라' 등의 설명이나 '억대 연봉을 뿌리치고', '해외 유명 MBA를 졸업하고 컨설팅 회사에 근무했던'이란 식으로 회사를 소개하는 기사가 전형적인 예다.

사람의 중요성, 퍼스널 브랜드의 중요성

이러한 현상은 투자유치 과정에서 더욱 두드러진다. 투자를 받아야만 스타트업을 시작하거나 유지할 수 있는 것은 아니지만, 세상을 바꾸려는 아이디어와 가능성만 가진 채 시작하는 스타트업에는 일정 규모 이상의 투자가 반드시 필요한 시기가 있다. 그런데 많은 이들이 궁금해한다. '스타트업의 가치를 산정하고 투자를 결정하는 기준이 무엇일까.' 아직은 가능성뿐인, 즉 리스크로 가득한 스타트업에 적지 않은 돈을 내놓을 때 투자자는 무엇을 보는 것일까.

투자자마다 다른 답을 하겠지만 그 기준에서 빠지지 않고, 아니 가장 단골로 등장하는 것이 바로 '사람'이다. 즉 창업가가 전에 어떤 일을 했는지, 주요 의사결정을 하는 핵심 구성원들은 어떤 경력이 있는지가 투자를 결정하는 데 상당히 중요한 요인으로 꼽힌다. 스타트업의 특성상 사람에 의존하는 일이 많고, 개발과정에서 지속적으로 변경되는 제품이나 서비스, 비즈니스 모델과 달리 내부 구성원은 계속 유지되기 때문이다.

때로는 스타트업을 스포츠 구단에 비유하기도 한다. 어떤 선수를 보유하고 있느냐에 따라 팀의 성적이 좌우되는 것은 물론, 팀의 인기나 인지도도 선수들에 따라 달라지는 경우가 많다. 우리나라에서 가장 많은 팬을 보유한 스포츠 중 하나인 프로야구만 하더라도 매년 시즌이 끝나고 나면 트레이드 소식, 특히 FA 선수들의 이동 여부에 관심이 집중된다. 얼마나 실력 있는 해외 선수가 들어오는지, 대학교나 고등학교에서 촉망받던 유망주가 어떤 팀으로 지명되는지 역시 중요한 이슈다. 미국 메이저리그에서 돌아온 롯데 자이언츠의 이대호 선수만 봐도 그렇다. 뜨거운 야구 열기와 두터운 팬심으로 유명한 롯데 자이언츠는 과거 몇 년 동안 하위권을 벗어나지 못하면서 구단의 인기가 급격하게 떨어졌다. 이에 구단은 부산 야구의 상징이라 할 수 있는 이대호 선수를 복귀시키기로 결정했다. 그가 돌아온다는 사실만으로 관중이 늘어났고, 구단과 야구에 대한 관심이 높아졌을 만큼 그의 영향력은 대단했다.

이것이 바로 퍼스널 브랜드의 힘이다. 이런 영향력이 스타트업에도 큰 힘이 되는 것은 당연하다. 성장 단계에 따라 일부 달라질 수 있지만, 축적된 노하우나 시스템, 리소스가 절대적으로 부족한 초기 스타트업은 물론 어느 정도 궤도에 오른 스타트업에도 사람의 중요성은 절대적이다. 제품이나 서비스를 개발하는 것은 어느 기업이든 사람의 몫이지만, 아무래도 스타트업은 확실한 프로세스나 시스템이 갖춰지지 않았기에 얼마나 뛰어난 인재들을 보유하고 있느냐, 혹은 영입할 수 있느냐는 경쟁력과 직결되는 이슈다. 스타트업 투자 관련 업무를 하는 지인으로부터 '투자를 검토하고 있는 회사에 모 대학교 출신의 개발자가 한 명 있을 때마다 회사의 가치가 1억 원씩 올라간다는 속설이 있다'는 이야기를 들은 적이 있는데, 학벌주의라고 폄하하기엔 꽤 설득력 있게 들린다.

실제 스타트업계에서는 과거 창업한 경험이 있거나 눈에 띄는 성과를 낸 사람이 회사를 창업하거나 이직한다는 소식 자체가 이슈가 되곤 한다. 회사를 소개하거나 설명할 때 '과거 이러한 회사를 창업했던 대표가 새롭게 시작하는', '업계에 잘 알려진 누군가가 최근에 합류한' 회사로 이야기되는 경우가 많다. 일례로 첫눈, 태터앤컴퍼니, 앤써즈, 아블라 컴퍼니 등의 스타트업에 초창기에 합류해 그 회사들이 우수한 조건으로 매각Exit하거나 성과를 얻는 데 공헌한 것으로 알려진 이미나 이사의 행보는 업계에서 늘 주목받고 있다. '스타트업계의 홍보여신'으로도 불리는 그녀가 렌딧Landit이라는 P2P 회사로 이직했을 때 회사명보다 이미나라는 이름이 더 회자되기도 했다. 이렇듯 스타트업계에서는 개인 또는 소수의 브랜드가 기업 전체의 브랜드보다 큰 역할을 하고, 더러는 보증인 같은 신뢰를 준다. '카카오 김범수 의장이 투자한', '패스트트랙아시아의 박지웅 대표가 시작한' 등의 표현 역시 같은 맥락이다.

기존의 화려한 경력이 없더라도, 창업가가 가진 역량이나 인간적 매력은 함께할 사람을 모으는 데 중요한 역할을 한다. 그리드잇의 이문주 대표는 대학생 신분으로 '모두의지도'를 론칭한 이력으로도 업계에 알려져 있었지만, 그것만이 그의 성공 이유는 아니다. 그는 사람을 데려오는 능력 덕분에 변곡점을 지날 수 있었다고 말한다.

"저 스스로를 매력적인 사람이라고 생각하진 않지만, 매력 있는 사람들을 모으는 역할은 할 수 있다고 생각해요. 실제 저와 만나서 이야기하면 그냥 좀 도와주고 싶다는 마음이 든대요. 확실히 뭐라고 말할 수는 없지만 사람에 관련된 영역에서 잘하는 것 같아요. 실무 능력도 부족하고 제가 유일하게 잘하는 게 피칭, 사람들 모으는 것이거든요. 개인적으로는 수용성이 높은 편이어서 외부에서 말하는 것들을 듣고 있다가 우리 쪽에 적용할 것들을 잘 전달하는 역할을 하는 것 같고요. 그래서 저희가 뭔가 변화하거나 퀀텀점프해온 결정들을 보면 제가 데려온 분들이 큰 역할을 한 적이 많았어요. 대부분 그렇겠지만 저희도 주요 인사들은 어떻게든 저와 연이 되어서 오신 분들이어서요. 저이기 때문에 할 수 있는 실무적인 것보다는 저이기 때문에 데려올 수 있던 분들이 잘해주었다고 생각하죠. 일종의 용병술이라고도 할 수 있죠. 뭔가 교체 타이밍에 선수를 넣었는데 골 넣은 것 같은 느낌이요."

아울러 구성원들의 퍼스널 브랜드는 스타트업 초기에 회사와 브랜드를 알리는 데 일등공신이 된다. 새로운 사업을 알리는 가장 정직한 방법은 회사의 제품이나 서비스를 통한 것이지만, 이는 절대적인 시간이 필요하다. 가급적 빠른 시간 안에 자신을 알려야 하는 스타트업으로서는 개인을 통한 커뮤니케이션이나 브랜딩을 배제하기 어렵다.

스타트업이 보유할 수 있는 가장 큰 퍼스널 브랜드 자산은 창업가다. 스타트업을 알리는 데 창업가나 대표의 역할만큼 큰 것도 많지 않다. 일반적인 회사에서도 창업가나 대표의 비중이 크지만 스타트업에서의 존재감은 훨씬 크다. 어떠한 이유로 회사를 창업했으며, 어떠한 철학을 갖고 운영하는지는 회사를 알리고 비즈니스를 홍보하는 데 중요한 역할을 한다.

우리나라 공동주거 시장에서 가장 앞서가는 것으로 평가받는 셰어하우스 '우주'를 창업한 김정현 대표 역시 개인의 브랜드가 창업에 큰 도움을 주었다. 셰어하우스 시장이 본격적으로 형성되기도 전에 창업했지만, 그가 과거 F&B나 엔터테인먼트 등의 분야에서 여러 번 성공을 거둔 경험을 믿고 사람들은 기꺼이 그에게 투자했다. 투자뿐 아니라 홍보활동에서도 언론에서 기사를 다뤄줘서 사업 초기에 큰 비용을 들이지 않고 마케팅을 할 수 있었다고 한다. 스타일쉐어Styleshare의 윤자영 대표 역시 패션과 거리가 먼 공대생 출신이라는 개인적 스토리로 화제가 되었다.

이 때문에 많은 창업가들이 좋든 싫든 자신의 스토리를 기업 홍보에 적극 활용한다. 마켓컬리의 김슬아 대표는 개인적으로는 자신을 드러내기 싫어하는 성격이지만, 브랜드 홍보 차원에서 인터뷰에 적극 임하고 자신의 화려한 이력도 감추지 않는다고 했다. 자기 이야기 하기를 좋아하든 싫어하든 본인을 대중 앞에 드러내는 스트레스가 있을 것이다. 그럼에도 회사를 알린다는 전략적 차원에서 판단할 수밖에 없다.

나아가 창업자뿐 아니라 구성원 모두가 브랜드가 될 필요가 있다. 회사나 조직의 이름을 중요시하고 개인의 컬러를 드러내는 데 보수적인 대기업에 비해 스타트업은 직원 한 명 한 명의 역할이 중요하며, 개인이 각자 브랜드가 될 때 시장에 대한 영향력이 배가된다. 앞서 언급한 렌딧이라는 회사의 마케팅 팀장은 '술탄 오브 디스코'라는 유명한 인디밴드의 뮤지션이기도 하다. 콘텐츠 스타트업인 72초TV에는 본인의 이름으로 힙합 앨범을 출시하거나 유튜브에서 'DJ김바다'라는 이름으로 활동하는 직원들이 있다. 이외에도 팟캐스트 운영자로 활동하거나 관심 분야의 책을 낸 저자를 어렵지 않게 찾을수 있다. 회사에서는 각자의 업무에 충실한 직원이지만, 퇴근 후에는 자신이 좋아하는 분야에서 이름을 걸고 활동하는 것이다. 물론 숨어서 몰래 하는 것이 아니라 회사에서도 그러한 생활을 인정하고 지지해준다.

사실 대기업뿐 아니라 우리나라에서는 회사를 다니며 개인 브랜드를 내세우거나 회사 일 외에 추가적인 활동을 하는 것에 부정적인 시선이 있었다. 예전에는 외부 활동이 업무에 방해된다고 생각하고, 자기 활동을 하는 직원을 다른 생각이 있는 것 아니냐며 의심스럽게 바라보았던 것도 사실이다. 하지만 최근에는 일반 기업에서도 직원들의 외부 활동에 대해 자율권을 많이 주고 있다. 이에 따라 자신의 전문분야에 대해 강의를 하거나 책을 내는 것은 물론, 취향과 관심사를 기반으로 커뮤니티나 북클럽 등을 운영하는 직장인이 늘어나고 있다.

왜 회사들이 직원들의 외부 활동을 인정하고 나아가 권장하게 되었을까? 구성원들이 외부 활동을 하면서 회사를 자연스럽게 알릴 수 있고, 새롭게 형성된 네트워크에서 신규사업 기회를 발견할 수 있다고 보기 때문이다. 스타일쉐어의 윤자영 대표도 구성원들의 외부 활동을 크게 장려하고 있다.

"책 쓰신 분도 두 분 있어요. ISO 개발자는 커뮤니티를 운영하는데, 저희가 이런 모임을 지원하고 있습니다. 경험적으로 구성원의 개별활동이 우리에게 도움이 된다고 생각합니다. 주변에 있는 분들이 우리를 알게 되고 (그들에게) 좋은 영향을 주어 입사로 이어지는 케이스도 있었습니다. 개발자 커뮤니티 등에서 우리 회사에 대한 이미지가 좋아졌다고 봅니다."

나아가 퍼블리의 박소령 대표는 회사의 직원 한 명 한 명이 스타가 되어야 한다고 강조한다. 그만큼 기업이 퍼스널 브랜드의 힘을 실감했다는 뜻이다. 비단 회사를 위해서만이 아니라 개인 차원에서도 이제는 스스로를 하나의 브랜드로 키워가야 한다. 요즘 유행처럼 등장하는 다양한 형태의 ('학교'라는 이름을 붙인) 커뮤니티에 창업이나 이직을 앞둔 사람들을 위한 퍼스널 브랜딩 과정이 개설되는 이유도 그러한 맥락일 것이다.

　퍼스널 브랜딩에 대해 강조하면 몇몇 창업자들은 자칫 전체적인 기업의 브랜드 아이덴티티가 약해지지 않을까 걱정하기도 한다. 앞서 제시한 내부 브랜딩과 퍼스널 브랜딩이 충돌하는 것 아닌가 하는 우려다. 한 회사의 조직 구성원들은 동일한 이미지로, 동일한 톤앤매너로 커뮤니케이션하는 것이 회사 브랜드의 일관성을 유지하는 데 도움을 주는 건 사실이다. 실제로 과거에는 기업의 브랜드 아이덴티티를 유지하기 위해 구성원 개인의 목소리가 바깥으로 표출되는 것을 막기도 했다.

　일견 브랜드적 관점에서 타당할 수도 있지만, 엄밀히 따져볼 때 이 두 가지는 상충하는 가치가 아니다. 오히려 가장 이상적인 것은 기업의 브랜드 아이덴티티 안에서 다양하게 변주된 퍼스널 브랜딩이 생겨나는 것이라 할 수 있다. 더욱이 상대적으로 개인의 역량에 많이 의존하는 스타트업은 유연해질 필요가 있다. 브랜드적 관점에서는 일관성을 당연히 지향해야 하지만, 그것이 구성원 개인의 브랜딩을 억눌러서는 안 된다. 오히려 퍼스널 브랜드로 성장하는 것이 조직이나 회사 브랜드의 성장에 긍정적인 영향을 끼친다는 것을 이해하고 적극적으로 지원해주어야 한다.

다시 강조하지만, 스타트업은 스포츠팀이 되어야 한다. 강력한 팀워크로 팀의 브랜딩을 높이는 것은 물론, 구성원 개개인의 브랜드를 키워 그들이 스타가 되어야 한다. 팀 전체 브랜드를 높이기 위해 구성원 모두가 노력해야 하고, 개개인의 퍼스널 브랜드가 커질 수 있도록 회사도 배려하고 장려해야 한다. 개인의 브랜드와 회사의 브랜드가 합쳐져 시너지 효과를 낸다면 스타트업의 브랜드 가치는 훨씬 높아질 것이다.

보여주기 식으로 보여주지 말라

스타트업에 브랜드가 중요하고 개인의 매력적인 퍼스널 브랜딩 역시 필요하다고 강조했지만, 도대체 무엇부터 해야 할지 막막하다면? 사회경험이 어느 정도 쌓이고 네트워크가 탄탄한 이들 중에서도 자기만의 브랜드가 무엇인지 명확하게 알고 있는 사람은 그리 많지 않다.

그렇다면 퍼스널 브랜드를 구축하려면 어떻게 해야 할까. 사실 퍼스널 브랜드 구축 과정은 기존 제품이나 서비스의 브랜딩 과정과 크게 다르지 않다.

일단 자기 분야에 대해 전문성을 키우자. 자신의 분야란 본인이 창업했거나 소속된 분야의 업무일 수도 있고, 본인이 개인적으로 좋아하는 취미나 취향에 관한 것일 수도 있다. 자신이 진심으로 좋아하는 일에 대해 전문성을 쌓다 보면, 자연스럽게 그 분야에 대한 자신만의 생각이나 의견이 생길 것이다. 이것이 일정 기간 지속되면 대표성을 갖추게 되고, 자연스럽게 그 사람을 '브랜드'라 부를 수 있게 된다. 즉 자신만의 아이덴티티를 갖게 되는 것이다. 그러려면 자신이 원하는 것이 무엇인지, 자신이 잘하고 부족한 점이 무엇인지 명확하게 알아야 한다. 일상에서나 업무적으로나 어떤 것에 가치를 두고 있으며 어떤 방향으로 나아가려 하는지 아는 노력이 필요하다.

그 후에는 적극적인 커뮤니케이션이 필요하다. 디지털 시대인 만큼 소셜미디어로 시작하는 것이 좋다. 본인이 좋아하는 것, 잘할 수 있는 것 중심으로 주제를 정해 깊이 있는 콘텐츠를 만들어가는 것도 좋은 방법이다. 본인이 읽은 책을 짤막한 인사이트와 함께 소개하는 우아한형제들의 김봉진 대표나 회사의 소소한 일상을 공개하는 스타트업의 여러 대표들처럼, 비즈니스와 직접적으로 연계되지 않은 상대적으로 부담 없는 주제를 올려도 좋다.

딱히 다루고 싶은 주제가 없다면 회사에서 일어나는 다양한 일들을 하루하루 기록하는 것에서 시작해보자. 말하자면 회사 일기를 쓰는 것이다. 요즘은 '창업 이후의 좌충우돌 생존기'나 '창업해서 망하거나 퇴사한 백수의 이야기'처럼, 예전에는 숨겼을 법한 이야기들도 콘텐츠가 되는 시대다. 회사에서의 소소한 일상을 기록하는 것도 나름의 매력이 될 수 있다. 이것도 어렵고 스스로 콘텐츠를 만든다는 것 자체가 부담스럽다면 온라인상의 수많은 콘텐츠 중 자신의 비즈니스나 관심사와 관련된 것들을 공유하는 것으로 시작해도 좋다. 이때 단순히 공유만 하지 말고 짧더라도 자신의 생각을 담아 소개하길 권한다. 간단한 글이라도 자신의 관심사와 내공을 함께 보여줄 수 있다. 탄탄한 개인 브랜드를 가진 창업가들의 소셜미디어 계정을 들여다보면 힌트를 얻을 수 있을 것이다.

이 모든 것은 누군가에게 보여주는 활동이지만, 그렇다고 해서 보여주기 식으로 해서는 안 된다. 일반적인 브랜딩과 마찬가지로, 퍼스널 브랜딩 역시 진정성을 기반으로 사람들의 공감을 얻어야 한다. 일정 수준 이상의 퍼스널 브랜드를 구축한 사람들을 떠올려보라. 앞서 언급한 이미나 이사는 본업인 홍보PR 분야의 전문성을 기반으로 다양한 경험과 일상의 업무를 꾸준히 커뮤니케이션함으로써 업계의 공감과 인정을 받았다. 전문성에 꾸준함이 더해지면서 그녀만의 브랜드 이미지가 형성된 것이다. 전문성을 도외시한 채 화술, 대화법, 복장 등 외적인 이미지메이킹에만 치중한 퍼스널 브랜딩으로는 기대할 수 없는 결과다.

우리 팀 한 명 한 명이
인플루언서가
되어야 한다

퍼블리 │ 박소령 대표

'퍼블리'는 디지털 콘텐츠 출판 서비스 스타트업이다. 현재 가장 눈에 띄는 차별화 지점은 '유료'라는 것이다. 언론사 등에서 제공하는 온라인 콘텐츠 대부분이 기업의 후원을 기반으로 개인에게 무료로 제공되는 현실에서, 소비자가 콘텐츠에 직접 비용을 지불하게 한다는 것만으로도 퍼블리는 많은 주목을 받았다. 여기에 박소령 대표의 퍼스널 브랜드도 초기에 회사를 알리는 데 한몫했음은 물론이다.

박소령 대표님 소개 부탁드립니다.

저는 원래 기자가 되고 싶었어요. 대학 1학년 때 구내서점에 우연히 갔다 책을 한 권 봤는데 토머스 프리드먼이라는 〈뉴욕타임스〉 기자가 쓴《렉서스와 올리브나무》였어요. 그 책에서 지금도 가장 좋아하는 구절을 우연히 읽었어요. 1999년에 나온 책이었는데 대략적인 내용은 전 세계가 엄청나게 세계화될 거고 두 개의 직업, 전략가와 기자가 중요한 직업이 될 거라는 거였어요. 전략가는 새롭게 재편되는 세계를 만들어갈 책임이 있고, 기자는 그 세상을 대중에게 커뮤니케이션할 책임이 있다는 거죠. 그 말이 너무 좋아서 앞으로 전략가와 언론인의 교차점을 오가는 중간 단계의 일을 하고 싶다고 대학교 때 결심했어요. 그 후부터는 내가 그 지향점에 충실한 판단을 하고 있는지에 맞춰서 움직인 것 같아요.

컨설팅 회사에서는 일을 많이 배울 수 있었지만 여전히 저 멀리 있는 세계는 엄청나게 바뀌고 있는데 저는 엑셀과 파워포인트만 만지는 게 너무 싫어서, 한국 나이 서른에 회사를 그만두고 일종의 도피처로 유학을 택했어요. 한국에 들어와서는 SBS 뉴미디어실, CJ E&M 미디어전략실 같은 곳에 입사하고 싶었는데 당연히 그런 곳은 저 같은 사람을 뽑고 싶어 하지 않죠. 언론인 커리어가 있는 것도 아니고 제가 콘텐츠 회사 일을 한 것도 아니니까요. 10개월 정도 백수 생활을 하면서 다른 회사에 들어가서 일할까, 남아 있는 30대를 리스크테이킹할 기회라 생각하고 콘텐츠에 배팅을 할까, 두 가지 길에서 고민하던 중에 '다음' 창업자인 이재웅 대표님을 투자자로 먼저 만났어요. 이 대표님도 미디어가 중요하다는 공감대가 있으니 저에게 직접 이 시장을 바꿔보지 않겠느냐고 제안하신 거죠.

(사진 : 퍼블리 제공)

저는 한 번도 스타트업을 생각해본 적이 없었어요. 일단 하면 잘하고 싶은 데 내가 이 역할을 잘할 수 있는지 몰라서 이 대표님과 거의 반년 가깝게 이야기했던 것 같아요.

두 번째 계기는 공동창업자 김안나 님이에요. 안나 님과 저는 10년 전에 같은 컨설팅 회사에 다녔고, 안나 님은 저보다 빨리 움직였죠. 2008년 아이폰 나오던 시기에 리디북스의 창업멤버였고요. 안나 님은 제가 미디어 시장에서 일하고 싶다고 백수로 고민할 때도 제 상의 파트너 역할을 했고요. 일단 이재웅 대표님이 하자고 한 것도 있지만, 안나 님이 그럼 본인도 같이 하겠다면서 이베이를 그만두고 와서 시작했죠.

많은 고민을 했을 텐데 왜 퍼블리였을까요? 유료 콘텐츠를 크라우드펀딩을 거쳐서 내보내는 지금의 형태를 택한 이유가 궁금합니다.

저와 이재웅 대표님이 반년 정도 이야기를 길게 하면서 내린 결론은, 소비자가 돈을 내게 만들어야 이 시장이 바뀐다는 거예요. 저희는 책보다는 언론 쪽에 좀 더 문제의식을 갖고 있었어요. 소비자가 돈을 내게 해야 콘텐츠 생산자들이 소비자의 눈높이를 따라잡으려고 노력할 텐데, 돈 내는 사람이 기업이거나 정부면 그쪽 눈치를 볼 수밖에 없죠. 소비자의 눈치를 보는 장치가 시장에 존재하지 않는다고 봤어요.

소비자가 돈을 내게 하는 메커니즘은 여러 가지가 있는데 일단 실험적으로 가장 쉽게 할 수 있는 게 크라우드펀딩이었어요. 아이디어를 던져서 사람이 모이면 하고, 안 모이면 접을 수 있으니 프로젝트 단위로 빨리 실험해볼 수 있어요.

읽는 것만으로도
내 브랜드가 되는 콘텐츠

양질의 콘텐츠, 하이 퀄리티를 지향하는 것이 대표님이나 안나 님의 취향과 선호인가요, 아니면 시장 사이즈를 본 건가요?

시장 사이즈를 보고 시작했다면 이렇게 안 했겠죠. 그럼에도 지금의 콘텐츠를 택한 이유는 저희가 좋아하기도 하고 자신 있기도 하고, 이게 너무 중요하다고 생각하기 때문이죠. 저는 한국이란 나라가 여러 면에서 훌륭하지만 언어와 위치가 굉장히 아쉽다고 보거든요. 고립된 언어이고, 지정학적으로 폐쇄된 나라이기 때문에 여기서 발생한 갭이 있어요. 당연하죠. 문물이란 게 쌓인 시기가 훨씬 짧으니까요. 저희 세대, 제가 속한 세대의 책임의식이라면 지적 자

산을 빨리 쌓아서 그 갭을 줄여주는 것, 그게 다음 세대를 위해 할
수 있는 일이라고 생각해요. 공교육으로 제조업 노동자들을 표준화
시켜서 시장에 내보내는 시스템이 이제 수명을 다했다고 생각하거
든요.

이제 사람들이 시장에서 경쟁력을 갖고 살려면 성인교육, 평생교
육이 필요하고, 그에 가까운 콘텐츠를 공급했던 전통적인 공급자가
언론과 출판사들이죠. 저희는 그 시장에서 한국 사회의 똑똑한 소비
자를 늘리고 다음 세대를 위한 사회적 토대를 하나하나씩 쌓아가는
역할을 하고 싶었죠.

예를 들면 〈조선일보〉처럼 주류 언론사나 깊이 있는 잡지나 리포트, 세리 CEO
처럼 — 물론 B2B 식의 간접적 유료화이긴 하지만 — 지적 콘텐츠 유료화 시장
이 없진 않았죠. 퍼블리에서 차별화하려 했던 유료화 포인트가 있다면요?

언뜻 3가지 정도가 생각나는데요. 일단 저희가 타깃으로 삼은 세
대는 20대 중후반부터 40대 초중반까지인데요. 이 세대가 뭘 궁금해
하고 뭘 알고 싶어 하는지에 집중한 콘텐츠만 다룬다, 나머지 세대는
잘 모르니 안 건드린다. 타깃을 저희 세대의 플러스마이너스 열 살로
좁혀서 집중해서 만들자는 것입니다.

두 번째는 제 취향이 많이 반영되어 있지만, 해외 선진문물과의
갭을 메우는 콘텐츠를 많이 만들고 싶어요. 아쉽게도 언론사들이
〈조선일보〉 정도를 제외하면 기자를 해외출장 보내는 것조차 부담

스러워한다고 하더라고요. 저희는 크라우드펀딩으로 출장비를 모을 수 있으니 콘텐츠를 생산해서 들여오면 계속 팔면 돼요. 해외의 선진문물, 특정 산업의 최전선에서 무슨 이야기가 오가고 있는지를 빠르게 국내에 갖고 들어오는 일을 열심히 해야겠다고 생각합니다. 취재의 형태이든 번역의 형태이든요.

세 번째는 근래 해외 미디어가 많이 하고 있다고 해서 저희도 시작했지만, 결국 오프라인 만남을 무조건 만들어야 한다고 생각해요. 독자가 무엇을 원하고 어디에 반응하는지를 아는 거죠. 저희가 가능한 한 프로젝트마다 오프라인 행사를 붙이는 이유도 그래서예요. 온라인상으로만 아는 느슨한 소비자들을 오프라인이라는 접점을 통해서 끈적거리는 관계로 만들어야 한다고 생각합니다. 전통적인 공급자들이 못하는 영역이 바로 독자를 아는 것이니까요.

이건 우리의 핵심이니 꼭 지키자고 하는 게 있나요? 가령 어떤 콘텐츠를 제안받았을 때 '우리는 이런 건 안 하잖아'라고 할 수 있는 기준이요.

콘텐츠 자체에만 한정해서 이야기한다면, 소위 말하는 공교육을 마친 이후 세대에게 교육적 역할을 해야 한다는 전제 아래 콘텐츠를 만들다 보니 러닝learning이 있어야 한다고 생각해요. 'study'와 'learn'은 다르다고 보거든요. 기술적인 프로세스에서 배우는 'study' 말고, 자기성찰적인 무언가가 남는 'learning'에 가까운 콘텐츠를 지향해요. 저희가 만드는 전체 콘텐츠 중 한 줄이라도 그게 있어야 한다고 봐요. 저자분들이 가져온 기획서를 보고 콘텐츠를 편집하는 과정에서 그런 걸 많이 살리려고 애써요. 안타깝게도 러닝의 레벨이 사람마다 달라서 누군가는 러닝일 수도 있고 누군가는 아무것도 아니라고 볼 수 있는데요. 그런 눈높이를 맞추기는 어렵지만, 그럼에도 러닝이란 부분은 매우 중요하다고 생각해요.

퍼블리에서 콘텐츠를 결제, 구매하는 분들은 주로 어떤 이유로 구매하시나요?

사실 개별 콘텐츠마다 조사한 건 아니고, 오프라인에서 독자들을 만나면서 제가 발견한 거예요. 퍼블리가 키워드로 들어간 페이스북, 인스타그램, 네이버, 트위터 등은 매일 검색해보는데, 데이터를 보면서 추정해보면 저희 독자는 두 부류로 나뉘어요.

하나는 일에 관련된 거예요. 내가 종사하는 업의 가까운 미래가 궁금한 사람들, 일에 민감한 사람들이죠. 일을 더 잘해야겠다든지 경쟁력 개발에 고민이 많은 분들이 하나의 축이고, 두 번째는 새로운 것에 끊임없이 호기심을 갖는, 새로운 것을 알고 싶어 하는 사람들이에요. PR, 마케팅, 기자 같은 직업군 분들이 그런 축을 갖고 싶어 해요. 당장 내게 도움이 되진 않더라도 이건 알아둬야겠다는, 민감도가 높은 분들, 초기에는 '신문물에 관심 많은 층'이라 표현했어요. 이 두 층이 매우 중요하다고 생각합니다.

정작 어떤 콘텐츠를 진행하자고 할 때는 대단히 직관적으로 결정해요. 타깃이 이런 사람이니까 그에 맞춰서 하기보다 '나 이거 하면 좋을 거 같아' 하는 마음으로 저랑 안나 님이 결정한 적이 훨씬 많았어요. 내 주변 사람들은 이거 좋아할 거야 싶은 것들이요. 그러다 마케터가 회사에 합류하면서 '그런데 이거 누구에게 팔 거예요?'를 질문하는 거예요. 누구에게 팔 것인지 프로파일을 알아야 페이스북에서 마케팅할 수 있다는 거죠. 그때부터 PM들은 누구에게 팔 것인지 고민해서 기획서를 쓰게 하고 있죠.

저는 최대한 많이 던져보고 반응이 있는 것들 위주로 콘텐츠를 더 발전시키자고 해요. 미디어 비즈니스에 대한 콘텐츠를 만들면 반응이 확실히 빨라요. 미래를 위한 교육도 반응이 빨리 와요. 그런 독자들이 저희 플랫폼에 모인 사람들인 거죠.

퍼블리를 경영하면서 어떤 점이 가장 어려우세요?

모든 게 다 어렵습니다. 가장 큰 고민은 사람에 대한 부분이에요. 이 일을 하고 나서 예전에 컨설팅 회사에 다니던 시절을 떠올리면서 웃을 때가 있어요. 경영학과 졸업해서 20대에 컨설팅 회사 다니면서 보고서에 비전과 전 직원의 비전 얼라인먼트vision alignment가 중요하고, 적절한 동기부여가 중요하다고 썼는데, 그걸 보신 분들이 얼마나 웃겼을까 생각하는 거죠.

저희 구성원이 13명인데 성장을 드라이브하려면 지금 우리에게 어떤 사람이 필요할까 고민해요. 어떤 사람을 어디서 찾아야 하나, 그 사람에게 무슨 일을 줘서 조직도를 어떻게 그려야 하나 등의 고민을 많이 합니다. 기존의 팀원들을 보면서 내가 이 사람에게 적절한 일을 주고 있는 건가, 맞는 일을 주고 있나, 그런 고민도 하고요. (저희를) 좋아하는 사람들에 맞는, 이른바 경제경영, 마케팅, 브랜드, 스타트업에 초점을 맞춘 콘텐츠를 만들겠다면 그런 사람들을 뽑는 게 맞고, 새로운 카테고리를 테스트해보겠다면 그런 걸 만드는 사람을 뽑아야 하고요. 모든 게 연동되어 있잖아요.

또 5~6명이 일하던 시절에는 제가 뭐라고 말해도 바로바로 커뮤니케이션이 되었는데 10명이 넘어가는 순간 그렇지만은 않은 거죠. 루트임팩트라는 회사를 운영하는 후배가 있는데, 그 친구가 직원이 10명 넘어가는 순간 조직관리에 엄청난 변화가 올 거라며 주의하라고 했어요. 그 친구의 말이 이런 뜻이었구나 하고 실감합니다.

어떤 분들을 뽑으세요? 이런 사람을 뽑는다는 퍼블리의 기준이 있나요?

엔지니어는 별도의 영역이니까 콘텐츠 쪽만 이야기하면, 처음에는 저희와 비슷한 사람을 찾았어요. 경영학과 졸업하고 컨설팅 백그라운드가 있고, 콘텐츠를 좋아하는 사람이요. 저희와 비슷하고 경영잘 알고, 로지컬 씽킹과 전투력을 갖춘 상태에서 콘텐츠에 뜻이 있으면 이보다 완벽할 수 없다고 봤어요. 그런데 이런 사람들이 시장에 없는 거예요. 못 구했죠. 그래서 어떤 시점에는 로지컬 씽킹이 중요한 것 같고, 어떤 시점에는 콘텐츠에 뜻이 있는 사람이 중요한 것 같다면서 이런저런 시행착오를 겪었어요. 요즘 저희는 에너지 레벨에 꽂혀 있어요.

열정이나 긍정적 마인드인가요?

네, 그런 건데요 일할 때 같은 방에 24시간은 아니어도 10시간 넘게 같이 있잖아요. 본인의 에너지 레벨이 높으면, 밖에서 바라봤을 때 일의 많고 적음을 떠나서 신나게 일하고 있다는 느낌을 받아요. '지금 어때?'라고 물었을 때 기분 좋은 사람들이 있는 거죠. 힘들어도 농담 한마디 더 하고, 한 번 더 웃는 사람이요. 이 일은 그게 중요하더라고요. 약간 낙관적이고 낙천적인 기질 같은 거요.

얼마 전에 글을 쓰면서 느낀 건데 저는 회사가 '똑똑하고 일 잘하는 낙관주의자들의 모임'이어야 한다고 보거든요. 영화 〈마션〉을 보고 적은 것 같은데요. 스타트업은 똑똑하고 일 잘하는 낙관주의자들이 모여야 하는 곳인 것 같아요. 기복이 심한 사람들도 있죠. 저도 업앤다운이 심해서 잘 제어하고 싶다는 욕심이 있었어요. 누군가의 에너지 레벨이 낮으면 다른 사람들이 그 아우라를 신경 써야 하는데, 그게 너무 싫더라고요.

못하죠. 절대 못해요. 예전에는 수습기간도 없었어요. 그런데 올해 봄부터 경력이든 신입이든 무조건 수습을 넣기 시작했어요. 양쪽다 서로의 핏fit을 판단하는 기간을 둬야 한다고 봐요. 아무리 2~3시간씩 인터뷰를 해도 지금 말한 에너지레벨 같은 건 발견 못하는 거 같아요.

당신을 믿고
콘텐츠를 사게 하라

오프라인 모임과 관련해서, 공간에 대한 계획은 없으세요? 만족감의 차이가 공간이 주는 경험의 차이일 수도 있잖아요. 예를 들면 퍼블리만의 전용 하우스, 최적화된 분위기가 만들어진다면 플러스 요인이 많을 텐데요.

좋은 오프라인과 좋지 못한 오프라인 사이의 간극이 큰 걸 보면서 '좋은 오프라인을 만들려면 어떻게 해야 하지?', '리턴을 연결하려면 어떻게 해야 하지?'라는 고민을 요즘 많이 하고 있어요. 장소의 문제인가, 모인 사람이 10명이 넘으면 안 되는 것인가, 자리 세팅의 문제인가, 케이터링의 문제인가, 저자들에게 가이드를 더 열심히 해야 하는 것인가, 저자와의 미팅 횟수 문제냐, 그런 고민들을 하고 있습니다.

당장은 아니지만 농담 반 진담 반으로 다음 라운드에 투자를 받으면 부동산 금액도 포함해야 한다고 해요. 제가 개인적으로 찾고 싶어 하는 공간은 있어요. 오프라인 공간을 만든다면 저자에게 프라이빗한 느낌을 주는 게 정말 중요한 것 같아요. 저자가 주인공이니까요. 저희가 우리에게만 제공되는exclusive 이야기를 듣고 싶어서 비싼 비용을 내고 모이는 건데, 그러려면 저자가 모든 걸 내려놓고 편하게 이야기할 수 있는 분위기를 조성하는 게 중요하다고 봐요. 좋은 진행자 역할이 그것 아닌가 싶고요. 저자가 다 내려놓고 이야기하면 독자가 같이 호흡하는 기분이 들잖아요. 완전히 막혀 있고 우리끼리만 있고 저자가 다른 데서는 이 말을 할까 말까 고민했다면, 그걸 다 내려놓을 수 있는 공간을 만들고 싶어요.

퍼스널 브랜드가 퍼블리의 비즈니스에 얼마나 중요하다고 생각하시나요?

제가 1년 전부터 강조하는 건데요. 저는 페이스북에서든 인스타그램에서든 우리 팀 한 명 한 명이 인플루언서가 되어야 한다고 생각했어요. 우리 직원을 팔로하고 있는 사람이 '이 사람이 편집했으니 읽어보고 싶다'는 마음이 들게끔, 글을 잘 쓰고 커뮤니케이션해서 팬이 많아져야 한다고 했어요. 그 말 때문인지 모르겠으나 직원들이 본인이 담당한 콘텐츠는 미리보기 같은 것들을 페이스북에 올려요. 저는 설령 직원들이 우리 회사를 그만둬도 그동안 쌓아둔 것은 그들의 자산이 될 거라 봐요. 어떤 회사는 개인적인 인스타그램이나 페이스북을 막기도 하잖아요. 저희는 오히려 더 많이 하라고 하거든요. 사람들이 너를 믿고 콘텐츠를 사게 하라고 해요.

얼마 전 어떤 분이 제게 그런 이야기를 해주셨어요. '네가 뭘 읽고 뭘 좋아하고, 요즘 무엇에 주목하는지를 사람들이 알아야 한다, 그게 너희 회사의 브랜드다'라고요. 콘텐츠 파는 회사의 대표는 어떤 의미에서는 연예인이 되어야 한다는 거죠. 아직 뭐라 확신하기는 어렵지만 인상적인 이야기였습니다.

퍼블리라는 브랜드를 중요하게 여기고, 각자의 퍼스널 브랜드도 강조하시는데 브랜드에 대한 정의를 내린다면요?

저희 초창기 뉴스레터에 이런 슬로건이 있었어요. 'We are what we are reading.' 젊은 세대들은 내가 소비하는 게 나의 브랜드 정체성이라고 접근하려는 경향이 있죠. 다양한 각도에서 브랜드를 정의할 수 있지만, 소비자가 자신이 소비하고 싶은 것을 정체성이라 인식하는 시대인 만큼, 내 아이덴티티로 몸에 붙이고 싶은 무엇인지가 브랜드 파워를 결정하는 것 같아요. 스타벅스 브랜드를 들고 다니는 것과 다른 커피 브랜드를 들고 다니는 건 느낌이 다르잖아요. 아마 저희 어머니 세대는 모르실 거예요. 그런 미묘한 차이가 있죠.

7

타깃을 명확히 하고, 팬을 만들어라

"많이도 필요 없다,
단 한 명의 팬이 중요하다"

걸그룹 EXID는 이제는 누구나 아는 인기 걸그룹이지만, 2014년 소리 없이 활동을 접을 뻔했다. 그들을 인지도 있는 걸그룹으로 만들어준 것은 소속사나 언론사가 아니라 '직캠'을 찍어 온라인에 올린 한 명의 팬이었다. 이 동영상 하나로 EXID의 〈위아래〉라는 노래가 차트를 역주행해 출시 3개월 후에 상위권에 등장했다. 그리고 마침내 방송 활동을 접은 EXID를 강제(?)로 컴백하게 만들었다.

푸드 미디어 스타트업인 그리드잇의 출발은 '오늘 뭐 먹지?'라는 페이스북 페이지였다. 페이지를 개설한 지 8개월 만에 100만 명 가입자를 돌파해 투자를 받아 그리드잇을 설립했고, 이후 법인 설립 3개월 만에 200만 명을 돌파, 지금은 440만 명의 팬을 보유하고 있다. 자매 서비스인 '쿠캣'과 '쿠캣코리아'의 팔로워를 합치면 850만 명 이상의 팬을 보유하고 있으니 한국을 넘어 아시아 시장에서 막강한 영향력을 행사하는 푸드 플랫폼이 된 것이다.

그리드잇의 전략은 확실했다. 어떠한 회사를 만들겠다는 전략적인 사업기획을 찾기보다 자신이 발신하는 콘텐츠와 직결되는 소수의 팬을 확보했고, 이러한 팬덤을 기반으로 커뮤니티를 만든 것. 그리드잇의 회원수가 어마어마하지만, 애초 이들이 정한 타깃은 매우 좁다. 먹는 것을 좋아하고 디지털에 익숙한 20대 젊은 여성. 오직 그들만을 대상으로 차별화된 음식 콘텐츠를 소개하며 팬을 확보했고, 자연스레 그 외의 인구층으로 확산돼 빠르게 성장한 경우다.

필립 코틀러는 저서 《마켓 4.0》에서 정보통신기술을 기반으로 강력히 연결된 시대에 커뮤니티가 브랜드와 마케팅에 얼마나 중요한 영향을 미치는지 설명했다. 소셜미디어가 만들어낸 강력한 연결성이 브랜드에 대한 신뢰를 바꾸고 있다는 것이다. 소비자들은 브랜드를 쉽게 신뢰하지 않고 광고보다는 자신이 속한 커뮤니티가 추천하는 상품을 선택하는 경향을 보이며, 그 결과 상품과 서비스에 대한 기존 유통구조도 바뀌었다는 설명이다.

커뮤니티의 영향력은 누구나 모든 정보에 자유롭게 접근할 수 있는 디지털 시대에 더욱더 커질 수밖에 없다. 또한 이는 과거 제품판매를 위해 고객집단을 임의로 나누는 세그먼테이션segmentation 전략보다, 해당 제품이나 카테고리의 소셜 커뮤니티에서 인정 혹은 추천하는 제품의 신뢰도가 커지고 있음을 보여준다.

모든 기업, 특히 마케터라면 누구나 꿈꾸는 '팬덤'은 어떻게 만들 수 있을까?

가장 우선시되어야 하는 것은 명확한 타기팅이다. 타깃 선정의 금과옥조는 '선택과 집중'이다. 자원이 턱없이 부족한 스타트업일수록 타깃을 최대한 좁고 명확하게 잡아야 한다. 많은 스타트업이 다양한 가능성이나 시장 규모를 노리며 타깃을 폭넓게 잡곤 하는데, 검증되지 않은 사업모델과 리소스가 한정된 스타트업에게는 오히려 독이 될 때가 많다. 따라서 가능한 좁은 타깃을 잡고 시작하는 것이 좋다. 이를 테면 '20~30대 여성'이라는 광범위한 타깃이 아니라, '성수동에서 크래프트 맥주를 즐겨 마시는 20대 후반~30대 초반의 연령대로, 패션이나 소비재 등 트렌드에 민감한 일을 하는 여성'으로 세밀하게 타깃을 구분해야 한다.

유아동 콘텐츠 '핑크퐁'을 주로 시청하는 연령층은 한국 나이로 3~5세. 그러나 스마트스터디 내부에서는 훨씬 더 세밀한 타기팅을 한다. 국가별로 유아들의 교육 정도가 다르고, 캐릭터를 활용한 제품의 타깃이 또 다르기 때문이다. 핑크퐁 애니메이션은 분량이나 속성상 6~7세로 올라가는 반면 오프라인 교육 콘텐츠와 커리큘럼 등 생활습관을 배우는 콘텐츠는 2세 미만의 유아로 내려가고, 기저귀 같은 제품은 더 아래인 0~1세로 내려간다. 핑크퐁은 이런 식으로 자연스레 외연을 넓혀가는 전략을 취한다.

타깃을 명확하고 좁게 잡았다면, 이제는 타깃을 이해해야 한다. 타깃의 특성을 '정의'하는 게 아님을 유의하자. 일반적인 기업의 경우 타깃 고객을 정의하고 세그먼트를 구분하는 STP Segment, Targeting, Positioning 전략으로 마케팅 방향성을 구체화해 나간다. 스타트업은 대중mass을 타깃으로 하는 대기업과 달리, 기존에 존재하지 않거나 존재한다 해도 작은 시장niche segment을 타깃으로 삼는 것이 대부분이다. 그렇기에 임의로 타깃 고객을 정의하기보다 그들을 이해하는 데 집중해야 한다. 앞서 말했듯이 해외에서도 인기 있는 핑크퐁은 국가적 문화권의 차이도 고려하지 않을 수 없다. 예컨대 한국은 덧셈, 뺄셈 같은 사칙연산을 초등학교 입학 전에 다 배우기도 하고, 알파벳도 외국보다 빨리 배우는 편이다. 이런 한국 아이들의 교육수준에 맞춰 콘텐츠를 제작하면 자칫 핑크퐁이 진출할 수 있는 국가와 연령대를 제한할 위험이 있다. 그렇다고 사칙연산 등의 학습 콘텐츠에 치중하면 어느 나라에는 5세, 어느 나라에는 9세가 타깃이 될 수 있는데, 그러면 톤앤매너에서 어렵거나 유치해지는 문제가 생긴다. 이런 문제를 고려한 끝에 핑크퐁은 세계에 통용되는 데 가장 효율이 높은 3~5세 시장을 타깃으로 선정했다.

최근에는 과거에 비해 훨씬 다양해지고 세분화되는 사람들의 취향과 라이프스타일이 스타트업에 또 다른 기회가 되고 있다.

일례로 패션업계를 보자. 이들은 전 세계적으로 지각변동을 겪고 있다. 자라ZARA나 유니클로Uniqlo처럼 제조와 유통을 겸하는 업체가 시장을 잠식해가고, 아마존프라임이 등장하면서 미국의 중산층도 백화점 대신 온라인쇼핑몰을 이용하기 시작했다. 동네 옷가게는 온라인쇼핑몰에 치여 하나둘 문을 닫는 등, 전 세계적으로 명확한 승자독식 체제로 양분되고 있다. 국내 패션산업을 리드하던 대기업들도 뾰족한 돌파구를 찾지 못해 고민이 깊은 실정이다.

그러나 소비자의 취향이나 라이프스타일 변화에 꼭 맞춘 서비스로 승승장구하는 스타트업도 나타나고 있다. 미국의 스타트업 스티치픽스Stitch Fix는 인공지능과 전문 스타일리스트가 옷을 추천해주는 서비스다. 신체 사이즈, 선호하는 스타일, 라이프스타일 등에 맞춘 옷을 매달 5벌씩 배송해주고, 그중 마음에 드는 것만 결제하면 된다. 일하느라 바빠서, 혹은 온라인쇼핑몰의 수많은 상품목록에 질려서 쇼핑을 하지 못하는 사람들은 스티치픽스의 팬이 될 수밖에 없지 않을까.

그런가 하면 가방과 안경, 신발 등 패션잡화를 제작하는 '로우로우'의 이의현 대표는 "취향이 다양해진 것이 이 시대가 스타트업에 준 진정한 혜택"이라고 말한다. 취향이 다양해지면서 대량생산에 익숙한 기존 대기업보다는 개별 취향을 좁게 타기팅할 수 있는 스타트업에 기회가 많아진다는 것이다.

"예전에 프랜차이즈 레스토랑이 인기를 끌었다면 지금은 일본에서 공부하고 온 어떤 요리사가 동네에 연 작은 식당이 더 각광받는 시대잖아요. 취향의 다양성이라는 관점에서 생각하면 패션에서는 500억, 1000억 하는 브랜드는 더 이상 나오기 어렵다고 봐요. 취향이 다양해지면서 과거에는 오히려 '그게 돈 되겠어?'라고 생각했던 것들이 지금 스타트업에게는 기회라고 보거든요. 가령 향초라고 하면 대기업에서는 시장이 크지 않으니까 굳이 나서지 않아요. 이불이라고 하면 대기업은 시장이 작으니까 해보라고 안 하겠죠. 독일에는 강아지 목줄만 다루는 브랜드도 있어요. 4차 산업혁명의 시대라고 해서 스타트업이 거창한 것만 해야 하는 건 아니잖아요. 이제는 취향이 너무 다양해져서 MBTI 같은 성격 테스트처럼 나눌 수도 없죠. 스타트업이 할 일이라면 다양한 취향과 기호를 채울 수 있는 작은 만족을 만드는 것 아닐까요."

라이프스타일 변화에는 '디지털화' 역시 빼놓을 수 없다. 특히 콘텐츠 비즈니스를 하고자 한다면 모든 디바이스가 모바일로 수렴되는 현상에서 새로운 기회를 찾을 수 있을 것이다. 그리드잇의 이문주 대표는 스마트폰으로 콘텐츠를 즐기게 되면서 일어난 변화 가운데 '내게 필요한 콘텐츠를 언제든 볼 수 있다'는 점에 주목했다. 집에서 가족과 함께 TV를 볼 때는 뉴스나 드라마를 보는데, 내 마음대로 볼 수 있게 되면 자신에게 필요한 것을 보게 된다. 즉 자신의 라이프스타일에 걸맞은 콘텐츠를 선별해 소비한다는 것.

"실제로 통계를 찾아보니 라이프스타일 관련 콘텐츠가 대부분이었어요. '쿡방'이 대세라서 푸드 콘텐츠를 보는 게 아니라 라이프스타일 관련 콘텐츠를 보는 거죠. 하루 3번은 뭐 먹을지 고민하기 때문에 이건 지속적으로 성장할 수 있는 사업이구나 실감했어요. 게다가 소셜미디어로 콘텐츠를 보니까 TV 방송사들이 만드는 콘텐츠나 저희가 만드는 거나 계급장 떼고 붙을 수 있죠. 레시피를 기반으로 하면 전 세계로 나갈 수 있겠구나 싶어서 타깃을 아시아로 보게 됐고, '아시아 사람들을 위한 푸드 미디어'로 정체성을 확립했죠."

이처럼 자기 고객의 취향과 라이프스타일이 어떤지 알고 맞춤화된 사업전략을 전개한다면 팬이 만들어지는 것은 자연스러운 수순이다. 로우로우는 시장조사나 고객설문조사를 하지 않았지만, 고객의 충성도는 놀라울 정도다. 가방 잘 만들어줘서 고맙다고 매장에 찾아오는 고객이 있는가 하면 아르바이트를 뽑는 데 수십 명이 지원하는 등, 로우로우의 취향에 '저격당한' 확실한 고객층이 있다. 그리드잇의 페이스북 페이지인 '오늘 뭐 먹지?'도 유저와의 인터랙션이 활발하기로 유명하며, 광고를 집행하지 않는데도 최고의 도달률이 나올 만큼 충성도가 높다. 이를 기반으로 그리드잇은 20대가 좋아하는 제품을 만들어 출시하고 페스티벌도 열며 팬덤을 다져가고 있다.

강력한 팬은 브랜드를 만들고 사업을 만든다

2007년 스코틀랜드 북동부에서 두 명의 동업자와 한 마리의 개로 시작한 크래프트 맥주회사인 '브루독Brewdog'은 현재 전 세계 50여 개국으로 수출되는 세계 크래프트 맥주시장의 대표 브랜드가 되었다. 이들은 타깃을 펑크족으로 명확하게 하고Business for Punks, 사업의 모든 과정에서 기존에 존재하던 규칙을 넘어 새로운 변화를 일으키는 데 집중해왔다.

특히 이들은 2009년 자금조달을 위해 온라인으로 지분을 판매하는 '에쿼티 포 펑크Equity for Punks' 방식을 도입했는데, 이를 통해 수많은 팬과 브랜드 전도사를 확보했다. 에쿼티 포 펑크 방식은 요즘 많은 스타트업이 참여하는 크라우드펀딩의 일종으로, 단순히 자금을 모으는 데 그치지 않고 브루독 팬을 확보하는 데에도 톡톡히 기여했다. 지분에 대한 단순투자가 아니라, 창업주만큼이나 크래프트 맥주에 열정을 가진 이들을 모아 '동료 주주 펑크'로 만든 것. 이들 투자자에게는 투자 수익에 더해 온라인 매장 20% 평생할인, 연차총회 참석, 한정판 신상품 우선 구매, 회사 운영에 대한 제안기회 제공 등의 혜택을 주었다. 그들은 단순한 투자자가 아니라 헌신적인 브랜드 홍보대사이자 크래프트 맥주의 전도사로서 회사를 함께 성장시키는 강력한 팬이 되었다.

이와 유사하게 커뮤니티를 기반으로 하는 좁은 타깃에 집중해 큰 성공을 거둔 사례로 액션캠 고프로GoPro를 들 수 있다. 고프로의 창업자 닉 우드먼은 카메라 기술에 대해서는 전혀 알지 못했던, 시각 디자인과 문예창작을 전공한 서핑 마니아였다. 게다가 고프로를 창업할 당시에는 스마트폰의 등장으로 카메라 사업의 전망이 그리 밝지 않았던 시절이기도 했다.

그러나 고프로는 '액션 카메라'라는 새로운 시장을 만들었다. 이들은 제품에 대한 기능적인 이야기에만 집중하기보다 자신들의 사업 영역을 '아웃도어 또는 익스트림 스포츠를 즐기는 이들을 위한 부착형 카메라'로 정의해 타깃을 명확히 했고, 이는 자연스럽게 브랜드 전략으로 연결되었다. 그들은 핵심 타깃에게 새로운 욕구를 불러일으키는 고프로만의 아이덴티티를 '모험adventure'이라 명명했다. 고프로는 '영웅이 되자Be a hero'라는 브랜드 슬로건과 함께 고프로만이 전할 수 있는 비주얼을 소수의 팬들에게 강력히 어필했다.

그 결과 고프로는 사진 찍기 어려운 아찔하고 짜릿한 모험의 순간을 담는 카메라로 포지셔닝하는 데 성공했다. 패러글라이딩, 산악자전거, 다이빙, 서핑, 스케이트보드 등 아웃도어 또는 익스트림 스포츠를 하는 사람들로 하여금 자신이 즐기는 도전과 모험의 순간을 담고 싶은 욕구를 불러일으킨 것이다. 고프로는 이들의 열광적인 지지를 얻었고, 고프로로 촬영한 영상이 유튜브 등에 올라와 다시 소셜미디어를 통해 확산되면서 판매량이 기하급수적으로 증가했다. 자연스럽게 사람들은 고프로라는 회사(브랜드)와 창업자에게 관심을 갖게 되었고, 이는 고프로의 탄생과 아이덴티티에 얽힌 스토리로 이어졌다. 이 이야기들이 공감을 얻으면서 또다시 사업과 브랜드를 성장시키는 원동력이 되었다.

이들처럼 단단한 팬덤을 형성하려면 다음의 프로세스를 기억하자.

- 명확한 아이덴티티를 수립하고 이를 비주얼 이미지 중심으로 확산한다.
- 스토리와 콘텐츠로 공감을 얻을 기반을 만든다.
- 그 후 강력한 소수의 팬을 만드는 데 주력한다.
- 이들이 스스로 화자가 되어 우리 브랜드를 이야기하게 한다.

우리가
특별한 이유는
유저들이 만들어가는
공간이기 때문

스타일쉐어 | 윤자영 대표

윤자영 대표는 대학 4학년이던 2011년, 프라이머 권도균 대표의 투자를 받아 스타일쉐어를 공동 창업했다. '공대생이 패션 사업이라니?' 하고 의아하게 바라보는 이들도 있었지만, 창업 이후 행보는 거침이 없다. 출시 1년 만에 회원 30만 명을 확보했고, 2013년부터는 패션·뷰티 축제인 '마켓페스트'를 매년 성황리에 개최해오고 있다. '오바마가 반한 CEO'라는 기사로 새삼스레 세간의 주목을 받기도 했지만, 이미 10~20대 여성들 사이에는 스타일쉐어가 '국민 앱'으로 알려질 만큼 탄탄한 패션 공유 플랫폼으로 자리 잡고 있다.

스타일쉐어에 대한 소개 부탁드립니다.

스타일쉐어는 조금 새로운 패션 서비스입니다. 기존 패션업계에 몸담고 있는 분들과는 다른 접근방식으로 일해서, 조금 낯설게 바라보시기도 했던 것 같습니다. 간결하게 정리하면 소셜미디어와 쇼핑이 융합된 서비스인데요, 소비자들이 누구나 접속해서 자신이 갖고 있는 패션이나 뷰티에 대한 경험 혹은 사진을 공유할 수 있고, 이런 콘텐츠를 보며 즐기다 원스톱으로 직접 제품도 구매할 수 있는 곳입니다.

조직 측면에서도 IT와 패션이라는, 전혀 다른 성격의 사람들이 모여 있는 곳입니다. 기존에 국내에서 패션과 관련된 업은 대개 유통의 혁신을 통해서만 이루어졌는데요. 기존 쇼핑몰 창업자들 중에 유통, 제조, MD 출신들은 많았는데, 상품이 아닌 서비스의 혁신을 만들어내는 개발자 등 테크 쪽 사람들은 이 주제에 별로 관심을 갖지 않았던 것 같아요. 하지만 저희 조직은 구성원의 반은 테크, 반은 패션으로 양면적인 모습을 띠고 있고, 대표인 저도 전자공학과 출신으로 전반적으로 균형이 맞춰진 팀입니다.

스타일쉐어는 어떻게 시작하게 되었나요? 왜 패션과 IT를 결합하는 비즈니스를 시작했는지, 나아가 왜 사업을 결심했는지도 알고 싶습니다.

제 스스로 사업해야겠다는 생각은 한 번도 해본 적이 없어요. 더군다나 패션과 관련된 일을 하게 될 거라고는 생각지도 못했고요. 단순히 대학생 때 이런 플랫폼의 필요성을 느꼈는데, 세상에 그런 서비

(사진 : 스타일쉐어 제공)

스가 없어서 답답해서 프로젝트 성격으로 진행하던 중에 프라이머의 권도균 대표님을 우연히 만나 투자 제안을 받으면서 사업이 되었습니다. 이게 사업이 된 건 모두 권도균 대표님 때문입니다. (웃음)

창업을 왜 했느냐고 물으신다면 사실 약간의 반골기질 같은 저의 기질이 기반이 된 것 같습니다. 남들과 같은 길을 가지 않겠다는 생각은 어렸을 적부터 다른 사람보다 컸던 것 같고요. 외고를 졸업했지만 남들 다 가는 문과를 가고 싶지 않아서 일부러 이과를 택했습니다. 그런데 정작 너무 재미가 없었어요. 수학, 과학, 공학의 기초를 공부하고 시험을 본다는 것이 너무 당연한 일이지만 그때는 어리고 인내심이 없어서 조급했달까요. '나 말고도 이걸로 나라에 기여할 수 있는 인재는 많은 것 같은데'라고 느끼면서 '그렇다면 나는 무엇을 하고 살아야 할까?'를 찾기 위해 최대한 시간을 투자해야겠다고 생각했습니다. 그때가 1학년 1학기였는데, 답을 얻기 위해 몇 년을 들여도 낭비가 아닐 거라는 생각에 제가 뭘 잘하고 뭘 좋아하는지를 촉을 세워 들여다봤습니다.

당연히 즐기는 주제 중 하나가 패션과 쇼핑이었는데, 제가 특별한 지식이 있는 건 아니지만 소비자의 입장에서 자주 생각하게 되더라고요. 수업 중에 몰래 〈대학내일〉이나 〈CeCi 캠퍼스〉 같은 무가지를 읽었는데, 콘텐츠들이 가격 등 다양한 면에서 현실과 거리가 멀다고 느꼈습니다. 소비자들의 니즈와 너무 다르고 광고만 잔뜩 있는데 '이걸 누가 보지? 왜 이렇게 쓸데없는 광고에 돈을 쓰지?'라는 의문이 들었습니다.

그래서 자연스럽게 일반인들이 하는 블로그에 관심이 생겼습니다. 예전에는 패션의 주인공이 전문 모델이었다면, 그때쯤 일반인의 영역으로 바뀌고 있었거든요. 마침 TV에서 '4억 소녀' 등 쇼핑몰 성공기가 이슈가 되면서, 평범한 사람도 500만 원으로 창업하고 일상 패션으로 성공할 수 있구나 하고 생각했습니다. 길거리패션street fashion 블로그, 온라인 쇼핑몰의 성장이 한 선상에서 보여진 거죠.

소비자들은 일상적이고 공감하기 쉬운 콘텐츠를 좋아하고 매일 보고 싶어 하고, 실제 구매하고 있는데, 왜 기업들은 다른 곳에 돈을 쓸까 궁금해하면서 아이디어를 구상하기 시작했습니다. 그러다 한 명의 에디터나 블로거가 카메라를 들고 나가서 일주일에 한 번씩 올리는 콘텐츠를 기다리지 말고 수천, 수만 명의 길거리패션을 모아서 한 곳에서 보여주면 더 많은 콘텐츠를 함께 볼 수 있지 않을까 생각했습니다. 여기에 구매까지 연결시키면 브랜드들도 여기서 돈을 쓸 테니 참 좋겠다는 게 대학 2학년 때 떠올린 아이디어였고요.

그러다 4학년 때 우연히 학교에 오신 권도균 대표를 만나서 이 모델에 대해 자문을 구했어요. 참 운이 좋았던 게 권 대표님도 투자회사를 운영하신 첫 해여서 더 적극적이셨는데 저는 권 대표님의 일을 잘 몰라서 제안에 대해 큰 의미를 두지 않았거든요. 그저 격려 차원에서 이야기하신 줄 알았는데 이후에도 꾸준히 연락을 주셨고, 카페에서 사업설명을 5분 하고 투자가 결정된 걸 보면 제가 운이 좋았다고 생각합니다. 그때는 이름도 스타일쉐어가 아니라 스타일솔루션이었습니다.

타깃을 더 좁게,
그들에게 더 맞게

패션 인더스트리와 패션 소셜미디어, 인터넷 쇼핑몰 시장에서 스타일쉐어만의 차별화된 가치, 경쟁력은 뭘까요?

고객들은 다른 곳에서 보기 힘든 유니크한 콘텐츠와 또래들의 생생한 패션, 뷰티 노하우들을 알 수 있고, 그런 정보를 거리낌 없이 질문하고 물어보는 재미로 사용하는 것 같습니다. 또한 오랫동안 저희 서비스를 써온 유저들은 한결같다는 이야기를 많이 합니다. 저희는 유저들이 어떻게 생각할까를 늘 최우선top priority으로 두는데, 이부분을 밖에서도 느끼고 공감해주는 거죠. 여전히 서비스의 99% 가치는 유저들이 올린 콘텐츠에서 나온다고 생각합니다. 구현하는 쇼핑방식도 상품을 단순히 노출해서 파는 것이 아니라, 유저들의 사진에 상품을 붙이는 방식이어서 유저들이 입어주지 않으면 전혀 소개가 안 되거든요. 유저들이 참여해서 만들어가는 공간이기에 다른 곳과 다르다고 보는 것 같습니다.

고객이 이야기하는 '한결같음'처럼, '스타일쉐어다움'을 한마디로 표현하자면요?

유저들이 참여해서 만들어가는 공간이라는 점일 것 같습니다. 여기(스타일쉐어)는 패션을 좋아하는 우리(유저들)가 주인이고 우리가 이끌어간다는 느낌을 갖는 것 같습니다. 주된 연령층이 젊은 여성이다 보니 통통 튀고 시끌시끌한 커뮤니티적인 느낌도 강하고요.

처음 구상했던 타깃 연령층, 최초 유저는 20대 중후반이었는데, 더 젊은 층을 중심으로 빠르게 성장했습니다. 콘텐츠 측면에서 보면 처음에는 패션에만 집중했고 뷰티 카테고리에는 관심이 없었는데 유저들을 보니 화장품 관련 콘텐츠도 빠르게 증가하면서 정책을 바꿔 범위를 더 넓혔습니다.

스타일쉐어라는 브랜드 네임은 어떻게 짓게 되었나요?

지금이야 인스타그램이나 페이스북에 자기 콘텐츠를 올리는 게 일상이지만, 당시에는 본인의 사진을 직접 업로드하는 것, 공유하는 행위 자체가 거부감이 있을 거라는 선입견이 있었습니다. 게다가 패션사진을 누가 하겠냐는 의견도 지배적이었고요. 특히 많은 투자자들(남성분들)이 한국 사람은 부끄러움이 많아서 적합하지 않은 사업 모델이라고까지 하더라고요. 또한 우리 서비스를 뭐라 설명해야 하는지도 명확하지가 않아, '이름만 들어도 무엇을 하는 회사인지 알았으면 좋겠다'는 의도에서 스타일쉐어라 지었습니다.

로고 디자인(BI)은 어떻게 만들었는지요?

디자인, 패션 서비스라 하면 당시 흔한 아이콘이 핑크에 옷걸이 같은 거였는데요. 일단 저희와 어울리지 않는 데다, 이 또한 편견이 아닌가 싶었습니다. 왜 패션에 군이 남녀노소를 따져야 할까 싶어서 유니버설하고, 패션과 관계 있는 단순한 요소였으면 좋겠다는 두 가지 관점에서 찾다 보니 어느 날 문득 단추가 보였습니다. 기하학적으로도 심플하고 옷과도 연결되는 의미여서 처음엔 그냥 단추로 시작했고, 컬러도 중성적인 느낌을 고려해 블랙 단추로 했습니다. 서비스의 UI 컬러도 그때는 밋밋한 그레이톤이었고요. 저희 공간은 유저가 본인들의 스타일을 뽐내는 곳이지 스타일쉐어가 돋보이면 안 된다는 생각에서 그렇게 정했습니다.

최근에는 이 단추라는 심볼과 스타일쉐어라는 이름 사이에 연결성이 없다는 의견이 나와서 단춧구멍에서 SS를 연상할 수 있도록 약간 변경했습니다. 컬러도 2년 전에 민트색으로 바꾸었는데 그 역시 모든 타깃을 다 커버하기는 힘들다는 걸 깨닫고, 모두에게 소구하기보다 10대 후반에서 20대 초반에 집중하자고 마음먹고 그들과 잘 맞는 컬러로 바꾼 겁니다. 브랜드적인 결정과 더불어 (타깃을 좁혀서 집중하자는) 사업적 결정이 이뤄진 거죠. 하지만 민트는 포인트 컬러로만 쓰일 뿐 브랜딩 컬러로는 쓰고 있지 않습니다.

스타일쉐어는 서비스 플랫폼인데, 스타일쉐어에게도 디자인과 비주얼 요소가 중요한가요?

사실은 이런 부분이 쉽지 않아요. 콘텐츠를 저희가 생산하지 않고 유저가 직접 올리기에 주도권이 저희에게 없습니다. 유저의 손에서 완성되는 플랫폼이어서 저희가 브랜딩하고 싶다고 해도 이끌기가 쉽지 않죠. 다만 유저가 반응해서 참여할 수 있는 장치를 만들고, 커뮤니케이션 사례를 많이 보여주는 식으로 저희만의 일관성을 표현하려고 합니다. 플랫폼 UX 차원에서는 장난스럽고, 친절하고 언니 같은 느낌을 녹여주는 큰 틀을 유지하고요.

'스타일쉐어라는 플랫폼에서 보이는 콘텐츠는 이랬으면 좋겠다'는 가이드나 기준이 있다면 무엇일까요?

키워드로 말하면 '공감할 수 있어야 한다Relatable'입니다. 스타일쉐어를 창업한 이유가 기존 패션업체의 (공감보다는) '멋있어 보이는' 화법이나 접근법에 거리감을 느껴서이기도 합니다. 그래서 멋진 콘텐츠보다는 사진이나 내용 등의 접근성, 친절한 면에 더 집중합니다. 또한 정적인 것보다는 생동감을 추구합니다. 저희는 커뮤니티잖아요. 커뮤니티의 속성은 참여인데 저희가 생동감이 없고, 내가 말해도 아무도 답하지 않을 것 같은 느낌을 주는 건 최악이라고 생각해요. 그래서 커뮤니케이션에서의 생동감이 중요합니다. 마지막으로 다양성입니다. 소수에게만 집중하고 다들 멋지다고 하는 것보다는, 다양한 유저들이 주인공이 되어 자기만의 콘텐츠를 올리는 곳이므로 다양하고 유저들이 조명받을 수 있는 공간이 되도록 콘텐츠의 순환이나 발굴에 노력하려고 합니다.

스타일쉐어가 패션 관련 소셜미디어의 대표주자로 손꼽히는데, 여기까지 올 수 있었던 윤자영 대표만의 'Why me'는 무엇일까요?

창업 전에 일을 해본 것도 아니고, 전문지식도 없고 혼자 해결할 수 있는 건 하나도 없었기 때문에, 적절한 시점에 적절한 도움을 받는 것이 제가 취할 수 있는 방법이었습니다. 초기 멤버들도 다 주니어였지만 이 시기에 가질 수 있는 최선의 만남이었고, 그중 공동창업자는 정신적으로 버티기 어려운 상황에서 큰 의지가 되었습니다.

그리고 우리끼리 아무리 열심히 해도 답이 안 나오는 상황이 반드시 오는데, 그럴 때 함께 이야기하고 의논할 수 있는 투자자, 멘토들에게 적시에 도움을 받은 것이 생존이유였던 것 같습니다. 현재 조직이 50명 정도인데 제가 말해도 전부에게 쉽게 전달되는 건 아니니까 그런 것들을 조직에서 동료들이 해결해주고 있고, 얼마 전에는 시니어 멤버들을 영입해서 이분들이 저의 멘토이자 논의 파트너가 되어 같이 해결해가고 있습니다. 제 개인적인 성격으로 보자면 문제가 해결만 되면 다 잊고 넘어가는 무던함이 도움이 된 것 같습니다.

스타일쉐어만의 사내문화가 있다면요?

저희 사내문화는 경력자들이 다들 고개를 저을 정도로 특이하다고 합니다. 다른 스타트업들도 수평적인 문화를 이야기할 텐데, 저희는 아주 극단적인 수평이고요, 아무래도 대표인 저 때문일 것 같습니다. 일단 나이나 연차에 따라 권한이 부여되지 않는데, 그랬다면 저도 같이 일할 수 없었을 테니까요. 실제 직급이 없고 팀원, 팀장 형태만으로 운영됩니다. 팀장도 혼자 결정해서 지시를 내리는 구조가 아니고, 뭔가 하려면 유관인력의 합의가 필요합니다. 저희 같은 서비스를 운영하는 데는 이렇게 수평적인 조직이 유리하다고 판단하기 때문에 계속 유지하고 있습니다. 우리 특성인 B2C, 모바일 서비스에 맞는 빠른 대응이 필요하기 때문이고요. 저희 고객은 젊고 이에 대응하는 개별 팀들의 의견이 중요하므로, 이러한 대응을 잘하려면 정보 격차를 줄이는 게 중요하다고 믿고 '공유'에 무척 신경을 쓰고 있습니다. 하지만 아직도 공유가 부족해서 발생하는 문제를 겪고 있고, 이를 방지하기 위해 기본적으로 많은 스타트업들이 쓰는 슬랙이나 드라이브 등을 통해 매출, 서비스 지표 등을 모두 공유하고 있습니다. 사용자 수, 팔린 제품이 무엇인지를 매일 업로드해서 회사 상황을 투명하게 다 알 수 있도록 하고요.

또 하나는 자율 출퇴근제인데요. 많은 리스크가 있는 제도이지만 일단은 저희 생각에 장점이 크기에 유지하고 있습니다. 한편으로는 이걸 보완해주는 제도가 다양한 공유 체계인 것 같습니다. 분명 자신이 목표를 설정했고 얼마만큼 달성했다는 이야기를 해야 하니 자연스럽게 책임감을 갖고 일하지 않을까 생각합니다.

어떤 사람을 뽑고 싶은가요? 스타일쉐어가 특별히 추구하는 인재상이 있나요?

포지션마다 다르겠지만 저희는 극단적인 수평문화인 데다 자율 출근 같은 제도가 여럿 있어서 얼마든지 마음만 먹으면 이를 악용할 수 있는 리스크가 있습니다. 따라서 그런 것을 지킬 수 있도록 스스로 동기부여self-motivation가 된 사람, 목표중심적이고, 공과 사가 있을 때 얼마나 공동의 이익을 우선으로 두고 기여할 수 있는지를 주로 봅니다. 이를 기반으로 문제를 해결하기 위해 주도적이고 적극적으로 뛰어드는 사람인지를 보려고 합니다. 나이가 많은 분들은 얼마나 열려 있느냐를 보고 판단합니다. 예를 들면 저와 둘이 있는 상황에서 어떤 표정과 태도를 보여주는지, 이 상황을 어색해하거나 낯설어하거나 태도가 돌변해 가볍게 대하거나, 그런 사소한 면에서 많은 시그널을 읽을 수 있습니다. 가끔은 젊은 사람에게서도 이런 모습이 보입니다.

우리 브랜드를 사용하고 좋아하는 사람들과 어떤 톤앤매너로 커뮤니케이션하나요? 특별히 팬 커뮤니티 등을 관리하는지도 궁금하고요.

팬 커뮤니티를 관리하는 프로세스나 정책은 없는데, 고등학생과 대학생 위주로 유저층이 밀집되어 있고 고등학생은 거의 모두 알고 있는 것 같은데요. 저희 회사로 팬레터나 선물도 많이 옵니다. 또한 매년 연말 유저들끼리 선물을 주게 하는 프로그램인 커뮤니티 이벤트 '시크릿 산타'를 진행하는데, 작년에는 회사로 립밤과 핸드크림을 많이 보내준 팬이 있었습니다. '자기가 몇 년을 봐왔는데 운영팀들은 아무것도 못 받는 것 같아 보냅니다'라면서요. 유저에게 스타일쉐어는 친구 같은 존재인 것 같습니다. 모르는 것이 있어서 물어보면 쉽게 알려주고 답해주는 공간 같은.

운영 노하우랄까, 팬을 만드는 비법은 무엇인가요?

우리 유저들이 좋아할 만한 것을 찾고 그것을 하는 것, 무엇을 할 때 항상 '우리 유저들이 뭐라고 할까? 어떻게 생각할까?'를 먼저 생각합니다. 이것을 최고 우선순위, 최대 관심으로 두는 것이 저희가 하는 일이고, 실제 그러한 활동을 잘하는 분을 채용하기도 했습니다.

'나다운' 결정을 내릴 것

요즘 츠타야 서점을 필두로 '공간'과 '경험'에 대한 이야기가 화두인데요. 스타일쉐어 유저들의 고객경험을 극대화하기 위해 어떤 노력들을 하는지 궁금합니다. 스타일쉐어 마켓페스트 등 온라인 경험을 오프라인 경험으로 확장하는 행사도 하고 계시는데, 공간과 경험에 대한 대표님의 생각도 듣고 싶습니다.

저희는 저희 플랫폼을 공간이라 생각하고, 그 공간에서의 UX^{User Experience}를 항상 생각하는 사람들입니다. 유저들은 심심해서 오기도 하고 특정 목적이 있어서 들어오기도 합니다. 이 공간을 만들면서 항상 고민하는 부분은 이곳은 결국 쇼핑을 하는 공간, 나의 스타일을 개선하고 내가 만족하기 위해 쓰는 서비스라는 점입니다. 소셜미디어와 쇼핑의 두 가지 성격을 유지하는 것이 정말 중요한데요. 참여를 유도하는 행위 자체가 어렵기 때문에 조금만 방심하면 참여자가 줄어들고 일방적 소통이 이루어져 일반 쇼핑몰처럼 변해버릴 수 있거든요. 그래서 늘 더 에너지를 쏟는 부분이 '어떻게 하면 생동감 있는 커뮤니티를 운영할 것인가'이고, 긍정적인 커뮤니케이션이 오가는 커뮤니티를 유지하는 것입니다. '긍정적인 에너지를 뿜는 생동감 있는 서비스 구축'이 저희 목표이고 항상 많은 고민을 하고 있습니다.

대표님이 생각하는 스타트업의 정의란 무엇일까요?

업계에서 말하는 스타트업의 사전적 정의가 있을 텐데요. 사업, 창업을 한다고 다 스타트업이 아니라 어떤 업계를 다른 방식으로 교란시켜서disrupt 없던 가치를 만들어내고 이를 추구하며 계속적으로 성장해야 하는 조직을 스타트업이라고 하는 것 같습니다.

하지만 창업가의 삶에서 스타트업이란 단어가 무슨 의미인지 고민해보면, 이런 일반적 정의는 너무 강요 같다는 생각이 들더라고요. 이것만이 멋진 것이다, 이것만을 추구해야 한다는 건 아닌 것 같아요. 규모의 경제를 달성해서 없던 가치를 창출해야 직성이 풀린다는 건 선택의 문제라고 봅니다. 수백억의 투자를 받았고 연 30%씩 성장한다는, 뉴스 기사에서나 볼 법한 회사들은 1000개 중 한 곳이고, 나머지 999곳은 아닐 수 있거든요. 그 한 곳 역시 잠깐의 행복을 누릴 수도 있기에 스타트업의 정의를 그렇게 내린다면 창업자 입장에서는 일종의 폭력이 될 수도 있다 생각하고요.

이 책을 읽는 분들이 창업자나 창업을 꿈꾸는 분이라면 스타트업의 정의는 스스로 내렸으면 합니다. 만일 이 업이 나에게 삶의 의미를 찾아줄 수 있다면, 규모와 무관하게 개인에게는 그것도 스타트업이지 않을까 싶습니다.

창업을 하면 많은 사람들과의 관계나 조언, 뉴스에 노출되는데요. 그런 경험을 하면서 주변 창업자들이 무너지는 걸 많이 봤습니다. 저도 하루하루가 스트레스였거든요. '왜 나만 못하고 있나'라는 생각이 어찌 보면 원동력이 될 수 있지만, 지나치면 자신을 파괴시키는 것 같습니다. 그래서 창업자들을 생각하면 안쓰럽고 불쌍하다는 생각이 들고 정신적 건강이 걱정될 때가 많았습니다. 결국에는 스스로 무언가를 결정할 때, 해야 하나 말아야 하나 결정하는 그 순간에 '남이 이것을 어떻게 바라볼 것인가'를 가능한 의식하지 않고, 자신의 목소리에 귀를 기울여서 나다운 결정을 내리는 게 중요하다고 봅니다.

스타트업의 사전적 정의를 성공의 의미로 규정하면 너무 힘들고 무너질 수 있으니, 우리가(창업자나 함께하는 동료들이) 생각하는 성공이 무엇인지를 정의하는 것도 대단히 중요하다고 생각합니다. 왜 해야 하는지 스스로 결정하고, 어떤 결정이든 존중받아야 한다고 믿습니다.

법칙

8

디지털이 당신을
구원해줄 것이다

"디지털 세상,
우리가 더 잘할 수 있다"

요즘 세상이 진짜 편해졌다. 무슨 이야기냐고? 택시 잡으러 이리 저리 뛰어다닐 필요 없이 모바일 터치 몇 번만으로 택시가 내가 있는 곳까지 찾아온다. 송금도 마찬가지다. 친구 결혼식에 낼 축의금을 전하기 위해 ATM을 찾거나 다른 친구에게 미안해하며 부탁할 필요도 없다. 세탁소가 문 닫기 전에 드라이클리닝을 맡기려고 서둘러 회사를 나설 필요도 없다. 밤 11시가 넘어도 세탁물 수거를 위해 건장한 청년들이 집 앞까지 찾아오니 말이다.

각각 카카오택시, 토스Toss, 세탁특공대라는 스타트업이 서비스하는 내용들이다. 별것 아닌 듯 느껴질 수 있지만, 불과 3~4년 전만 해도 상상도 못했던 서비스다. 이 모든 것들은 디지털이 낳은 변화의 결과물이다. 놀라운 것은 이런 변화는 시작에 불과하며, 변화의 상당 부분이 새로운 생각과 새로운 일하는 방식을 갖춘 스타트업에서 비롯되었다는 것이다.

스타트업에게 디지털은 기회일까

디지털 시대가 열리면서 본격적으로 스타트업이 활성화되었다고 해도 좋을 만큼 스타트업에게 디지털은 새로운 기회다. 과거에도 많은 이들이 수없이 창업을 시도했지만 신규 스타트업이 시장에 변화를 일으키고 패러다임을 바꾸기는커녕 경쟁을 뚫고 살아남는 것도 쉽지 않았다. 아무리 좋은 아이디어가 있어도 일정 수준 이상의 돈과 리소스가 뒷받침되지 않으면 정착하기 어려운 구조였다. 디지털 이전의 비즈니스 방식은 그랬다.

그러나 디지털과 함께 판이 바뀌었다. 자원이 충분하지 않은 스타트업들도 기존의 플레이어들과 경쟁할 수 있게 되었고 더 빠른 적응력과 유연함을 내세워 시장을 개척하고 리드하기도 한다. 고객을 직접 만나는 기회도 크게 늘었다. 예전에는 고객을 만날 수 있는 접점이 유통채널과 오프라인 매장 등에 국한돼 있었기 때문에 부동산을 비롯해 일련의 시설을 어떻게 확보할지가 관건이었고, 이를 위해서는 자본이나 네트워크의 힘을 빌려야 했다. 유통업에 종사하는 대기업은 상권을 분석하고 장차 신도시가 들어설 지역을 예측해 미리

땅을 사놓는 것이 주요 업무였다. 그러나 디지털 플랫폼과 채널이 등장하면서 이제 고객과 직접 커뮤니케이션하고 의견을 나눌 수 있는 기회가 늘어나고 있다. 많은 비용을 집행해야 했던 것들이 최소한의 비용과 노력만으로 가능해진 것이다.

　무엇보다 디지털 생태계는 창업가들에게 핵심적인 컨셉과 본질적인 가치를 바탕으로 창업할 수 있는 환경을 만들어주었다. 유통이나 배송 경험이 전무한 상황에서도 '유통의 본질로 돌아가자'는 비전을 갖고 회사를 운영하고 있는 마켓컬리의 경우 디지털이 아닌 전통적인 환경에서는 창업이 불가능했을 것이다.

　스페셜티 커피 브랜드인 프릳츠의 매장 출점전략 역시 디지털 환경의 덕을 보았다. 먹는 장사는 목이 좋아야 한다는 통설과 상관없이 프릳츠는 위치보다 장기계약 가능 여부를 최우선으로 매장을 물색한다고 한다. 요즘은 소셜미디어를 통한 입소문이 활발해서 사람들은 마음에 드는 매장이 있으면 외진 골목에 있어도 지도앱을 켜고 찾아온다. 따라서 상권이나 매장의 위치는 크게 중요하지 않다고 본 것이다. 핵심 상권에서 멀리 떨어져 있는데도 성공적으로 운영되는 프릳츠 양재점은 이러한 변화를 보여주는 단적인 예다. 이를 김병기 대표는 "스타트업이 디지털 시대에 얻을 수 있는 가장 큰 혜택"이라고까지 말한다.

　"이 시대가 주는 장점이 있어요. 정보교류도 활발해지고, 좋은 것을 찾아가고자 하는 욕구가 늘어났고, 문화적으로 누리고 싶은 것이 많아졌어요. 위치는 점점 더 상관없어지는 것 같아요. 어떻게 하느냐가 중요하죠. 자신감이라기보다 시대가 준 선물이죠. 이 시대에 커피와 빵 사업을 할 수 있다는 선물이죠. 전통적 상권분석 기사를 읽어보면, 목 장사라고 하잖아요. 예전에는 사람들이 아무래도 동선에 맞춰서 생활했지만 지금은 관심 있는 곳이 생기면 어디라도 찾아가니까 시대의 덕을 보고 있죠."

디지털 시대의 광고, 콘텐츠, 브랜드의 변화

사실 더 이상 '디지털'이란 단어를 쓰는 것이 무의미할 만큼 디지털은 우리의 일상 깊숙이 들어와 있다. 여기에서는 좀 더 각도를 좁혀서 스타트업이 자주 접하게 될 광고, 콘텐츠, 브랜드 분야에서 디지털이 어떠한 변화를 가져왔는지 살펴보자.

먼저 광고시장의 변화다. 전통적인 4대 매체의 영향력이 떨어지고 새로운 디지털 매체가 등장하는 것만을 의미하지는 않는다. '브랜드(광고주)-광고대행사-고객(시청자)'으로 이어지는 제작 프로세스가 변했고, 무엇보다 소비자들이 광고에 대해 갖는 인식이 바뀌었다. 'skip' 버튼을 눌러 광고를 회피하고 심지어 유료요금을 내가면서까지 광고 보기를 거부하는 소비자도 어렵지 않게 찾아볼 수 있다.

디지털 시대의 대표주자 격인 소셜미디어의 경우 자체적으로 보유한 운영 알고리즘이나 로직의 특성상 동일한 비용과 리소스를 갖고도 전혀 다른 효과를 만들어낼 수 있다. 이에 따라 광고효과를 검증하는 방법도 변하고 있다. 당신은 우리나라에서 페이스북 마케팅을 가장 잘하는 회사가 어디라고 생각하는가? 100명에게 물으면 아마 100개의 브랜드가 언급될 것이다. 타깃의 연령이나 관심사, 취향에 따라 각자에게 보이는 콘텐츠나 광고의 소재가 다르고, 개인의 반응에 따라 효과나 노출도가 달라지기 때문이다. 따라서 기존의 전통매체처럼 물량공세를 하며 밀어붙이기보다는 광고를 운영하면서 반응을 파악하고, 대안을 모색해 다시 테스트하는 과정에서 최적의 솔루션을 찾아야 한다.

디지털을 기반으로 고객의 관심사나 취향에 맞춘 광고를 집행할 수 있다는 점도 스타트업에는 기회다. 과거 리서치회사에서 수집하던 것과는 비교할 수도 없을 만큼 정확하고 다양한 데이터(라이프스타일, 연령, 지역 등)를 파악하여 효과적인 광고를 집행할 수 있다. 패스트캠퍼스, 푸드플라이, 스트라입스 등 다양한 스타트업을 론칭한 패스트트랙아시아는 페이스북, 인스타그램 등 디지털 채널 광고 및 콘텐츠 마케팅에 모든 역량을 집중한다. 광고예산에 따라 노출물량이나 광고매체가 결정되고 이것이 곧 광고효과로 직결되었던 전통 광고시장과 달리, 디지털 광고시장에서는 스타트업에도 승산이 있다.

셰어하우스 우주의 김정현 대표는 디지털 채널 덕분에 적은 예산으로 효과적으로 마케팅할 수 있음은 물론, 기존 부동산 채널에 흡

수되지 않고 차별성을 유지할 수 있었다고 말한다.

"마케팅 예산도 적은데 디지털 플랫폼이 없었으면 부동산 플랫폼에 종속되지 않기가 어려웠을 것 같아요. 대다수 부동산이 '다방'이나 '직방' 등의 플랫폼과 연계돼 있는데, '우주'의 입주자들은 그런 부동산 플랫폼을 통해 입주하는 비율이 상당히 낮아요. 페이스북, 인스타그램, 포털 검색이라는 3가지 채널로 유입되는 분들이 90% 정도예요. 이 부분이 다른 부동산들과 다른 '우주'의 특징입니다. 그래서 플랫폼에 종속되지 않기 위해 노력을 해요. 가령 직방, 다방에서 찾을 집이 있고, '우주' 같은 형태의 집도 있다는 것을 분리, 인식시켜 시장의 리더십을 유지하고자 합니다."

콘텐츠의 변화도 눈에 띈다. 미디어가 변하고 광고에 대한 태도가 달라지면서 소비자들이 자발적으로 공감하고 공유할 수 있는 콘텐츠가 광고시장의 일부를 채우기 시작했다. 소비자들은 자신에게 최적화된 콘텐츠를 찾아 소비하는 쪽으로 바뀌었고, 광고 역시 기업의 일방적인 메시지를 담은 전통적인 광고보다는 소비자와 교감하고 커뮤니케이션할 수 있는 크리에이터들이 만들어내는 새로운 형태의 광고(브랜디드 콘텐츠)에 관심을 갖기 시작했다.

콘텐츠를 소비하는 채널이나 기기 역시 다양해지고 전문화되었다. 예전에는 대부분 공중파 TV를 통해 소비했던 영상 콘텐츠를 이제는 유튜브나 페이스북, 네이버 등의 소셜미디어 혹은 같은 취향의 사람들이 모인 커뮤니티를 통해 소비한다.

기존에 많은 비용을 들여 광고대행사나 전문 프로덕션을 통해 만들어야 했던 광고 콘텐츠 역시 누구나 쉽게 만들 수 있는 형태로 바뀌었다. 소규모나 개인이 쉽게 만들 수 있을 만큼 디지털 기술이 발전한 영향도 있고, 이러한 콘텐츠를 바라보는 시청자들의 인식 역시 많이 달라졌다. 그리드잇 이문주 대표는 디지털 세상일수록 콘텐츠의 본질이 중요해진다고 보고, 여기에서 스타트업의 기회를 발견했다고 했다.

"디지털 콘텐츠는 방송과는 조금 달라요. TV는 요소가 많은 반면, 모바일에서는 하나에만 포커스를 맞춰야 해요. 그러다 보니 영상 퀄리티 자체는 그렇게 뛰어나지 않아도 잘되는 경우가 있어요. 그리고 모바일에서만 볼 수 있는 콘텐츠는 '나와 가까운 콘텐츠'에 대한 니즈가 많아요. 연예인이 나온다고 해서 잘되는 게 아니고, 그 콘텐츠가 나를 즐겁게 해주고 유익한지가 중요해졌어요. 본질적인 부분이 중요해진 거죠. 저희가 남들보다 잘할 수 있는 건 시각적인 것도 있지만 결국 인사이트거든요. 2013년부터 '오늘 뭐 먹지?'를 하면서 1만 개 이상의 콘텐츠를 제공했는데 그 콘텐츠에 대한 인터랙션이 다 DB화돼 있어요. 게다가 유저들의 콘텐츠 제보가 많이 오니까 그 제보를 토대로 요즘에는 어떤 푸드가 인기 있는지 알고, 차별화를 꾀할 수 있어요. 그렇게 콘텐츠 기획을 하다 보니, 유저들이 무얼 좋아하고 앞으로 어떤 것이 나와야 하는지에 대해 감이 있다고 생각해요."

환경의 변화에 따라 기업의 마케팅에도 변화가 불가피해졌다. 과거에는 C레벨의 임원이 모든 마케팅 의사결정을 독점했다면, 이제는 소셜미디어 마케팅을 디지털 네이티브 세대에게 맡기는 기업이 생기고 있다. 상대적으로 구성원이 젊은 스타트업에서도 이런 흐름이 나타난다. 디지털 콘텐츠를 서비스하는 퍼블리에서도 일어난 변화다. 박소령 대표의 말이다.

"디지털을 가장 잘 아는 건 마케팅 팀이에요. 창업한 저희는 디지털 네이티브가 아닌 반면 우리 마케터는 초등학교 때부터 인터넷을 했어요. 인터넷을 잘 다루는 사람에게 마케팅 업무를 줘야 한다, 나이든 사람에게는 이 일을 못 시킨다는 말을 북페어에서 누군가 하더라고요. 20대를 뽑아서 시키는 게 가장 빠른 길이지, 누군가를 교육시켜서는 안 된다는 거예요. 반년 정도 지나고 저희도 마케팅 팀에거의 모든 권한을 줬어요. 당신이 우리 팀에서 가장 잘하니 사람들을 반응하게 만들어달라, 우리는 결과값만 보겠다고 했어요."

브랜딩 분야에서의 변화도 일어났다. 일반적으로 브랜딩은 고객들이 경험하는 모든 접점에서 동일하게 보이는 '일관성'과 자기 색깔을 유지해가는 '지속성'이 중요하다. 그래서 변화가 빠른 디지털 시대에도 브랜딩은 상대적으로 변화가 느리게 느껴질 수 있다. 하지만 마케팅의 거장 필립 코틀러는 디지털 세계에서의 브랜딩은 일관성과 함께 대응력이 중요하며, 이를 위해서는 브랜드가 인간중심적으로 변화할 필요가 있다고 주장했다. 여기서 말하는 '인간중심적 변화'란 한마디로 고객들과 교감하며 브랜드를 만들어가라는 뜻이다.

이러한 변화는 브랜드의 위기관리에도 영향을 미친다. 최근 안팎의 이슈로 시끄러운 기업들이 많다. 이는 브랜드의 위기로 직결되는데, 사실 위기는 특정 이슈 때문만이 아니라 그에 대응하는 방식에서 일어난다. 과거에는 언론노출을 최소화하고 쉬쉬하며 문제를 덮어왔지만, 소셜미디어에서 1시간이면 이슈가 확산되는 요즘에는 인위적인 통제 자체가 불가능하다. 그러므로 상황을 정확하게 인식하고 솔직하게 커뮤니케이션해야 한다. 위기에서 벗어나기 위한 임시방편 식의 접근이 아니라 진심에서 우러나오는 해결방안이 필요한 것이다. 디지털 시대임에도, 아니 디지털 시대일수록 브랜드는 솔직해져야 하고 진정성을 갖춰야 한다. 더욱이 대부분의 스타트업은 소셜미디어를 기반으로 성장하므로 빠르게 확산되는 위기 관련 이슈에 좀 더 신중하고 인간중심적으로 접근해야 한다.

과연 디지털 문법에 적응할 수 있는가

최근 기술tech 기반의 스타트업은 인공지능을 활용하지 않으면 생존할 수 없을 정도라고 한다. 비단 테크기업이 아니더라도 디지털 기술 및 환경을 얼마나 이해하고 활용하는지에 따라 전혀 다른 성장곡선을 그릴 수 있다. 앞서 소개한 스티치픽스는 일종의 온라인 쇼핑몰이지만 머신러닝이 결합해 전혀 다른 쇼핑경험을 선사했고, 세계적으로 주목받는 스타트업이 되었다.

디지털이 불러온 변화는 곳곳에서 나타나고 있지만, 변화에 적응한다는 것은 결코 쉽지 않다. '디지털'이란 화두가 제시된 것은 꽤 오래되었고 회사는 물론 대부분의 조직에서 디지털과 관련된 부서를 운영하고 있지만, 그럼에도 여전히 낯설고 어렵다.

매년 수천억 원의 이익을 내는 대기업들의 미래를 부정적으로 보는 이유도, 창업한 지 몇 년 되지 않은 에어비앤비나 우버를 왜 주목해야 하는지 정확하게 알지 못하기 때문이다. 디지털 시대의 광고는 어떻게 만들고 어떤 채널에 노출해야 하는지, 왜 10대들이 TV에 나오는 유명 연예인보다 유튜브에 나오는 무명의 크리에이터들에게 열광하는지 기존의 문법으로는 알기 어렵다. 그럼에도 어쨌든 디지털 시대에 적응해야 한다. 스타트업을 정의하는 핵심 키워드인 파괴적 혁신과 지속성장^{scale-up}을 위해서는 디지털 기반을 도외시해서는 안 된다. 반드시 디지털을 통해야만 성과를 낼 수 있는 것은 아니지만, 기존 조직에 비해 빠르고 유연한 스타트업이 디지털을 활용한다면 시너지 효과는 훨씬 강력할 것이다.

물론 디지털 시대의 변화가 워낙 빠르고 광범위해서, 아무리 빠르고 유연한 스타트업이라 해도 따라잡기 쉽지 않다. 때로는 변화를 어떻게 따라갈 것인지 고민하기보다 무엇이 변하지 않을지를 아는 것이 더 중요하다는 주장도 설득력 있게 들린다. 스타트업은 변화하는 세상에서 어디까지 따라갈 수 있을까? 리소스가 부족한 스타트업이 어느 정도 해낼 수 있을까?

이런 고민에 빠져 있다면, 결국 중요한 것은 본질이라고 말하고 싶다. 디지털 시대라 해서 무작정 보폭을 넓힐 것이 아니라 내가 하고 싶은 게 무엇인지, 우리 회사가 '왜' 존재하는지 먼저 숙고해보라는 것이다. 브랜드의 철학이나 신념을 기반으로 하는 취향과 라이프스타일에 사람들이 주목하기 시작했고, 이러한 것들이 대중적으로 호응을 얻고 있다. 얼마 전 세계적으로 엄청난 인기를 끌었던 포켓몬고의 핵심 경쟁력 역시 브랜드였다. 포켓몬이라는 매력적인 브랜드가 아니었다면, 디지털을 기반으로 하는 증강현실 기술이라는 이유만으로 사람들이 그렇게까지 열광했을까?

사업의 본질이 무엇인지 인식하고 브랜딩 차원에서 디지털 기술을 바라볼 때 디지털은 더욱더 유용한 수단이 될 수 있다. 마켓컬리가 오늘날의 브랜드 인지도를 갖게 된 데는 인스타그램 덕이 컸다. 그러나 이들은 디지털 환경을 단순한 홍보수단으로만 활용하지 않는다. '좋은 유통 경험'이라는 사업방향에 디지털 기술을 결합해 장기적인 브랜드가치를 실현하고자 준비 중이다. 김슬아 대표는 자본도 적고 기술에 문외한이었지만 그것이 IT를 활용하는 데 제약이 되지는 않는다고 말한다.

"모든 게 오픈소스예요. 그래서 수요예측에 머신러닝 기법을 적용하려 할 때도 구현하기가 쉬웠어요. 어딘가 있는 오픈소스에서 원하는 것을 가져다 내부에 맞게 기획하면 됐거든요. 이런 것들을 잘 이용해서 공급과 유통 사이의 관계를 어떻게 혁신할 것인지 많이 고민해요. 가령 농부들의 고민은 열심히 농사를 짓는데 당도를 조절할 수가 없다는 거예요. 그런 고민을 어떻게 해결해줄 수 있을까. 테크가 없던 시절에는 조금만 가격을 깎아주면 밭 전체를 사주겠다는 계약을 했죠. 결국 당도가 좋을 때는 제값을 못 받는 농부가 손해고, 흉작일 때는 구매자가 손해죠. 리스크를 나눠 지면서 양쪽 중 누군가는 손해 보는 구조거든요. 이런 것들을 테크를 이용해 개선해보려고 해요. 저희는 지속적으로 당도를 개선할 수 있는 기술에 투자하고, 농부는 저희가 제안한 기술을 수용해서 관리하면 둘 다 윈윈할 수 있어요. 이상한 칩 같은 것을 붙여서 당도를 끌어올리는 것들을 시험하고 있습니다. 아주 싼 기술을 기반으로 소비자와의 관계, 생산자와의 관계에서 계속 혁신을 만들어보고 싶어요."

디지털이든 아날로그든, 기술이 있든 없든, 결국 어떤 브랜드를 만들고자 하는지가 핵심이다. 브랜드 고유의 매력이 무엇인지에 따라 스타트업의 지속가능성은 달라질 수밖에 없다.

고객만족을 소프트웨어에 맡기지 말라

프라이머 │ 권도균 대표

권도균 대표는 대한민국 스타트업 창업자들의 대표적인 멘토로 알려져 있다. 소프트웨어 엔지니어로 근무하다 독립해 5개의 회사를 창업했고, 이 중 '이니텍'과 '이니시스'를 분야 1위 기업으로 키워 코스닥에 상장시켰다. 이후 모든 경영권을 매각한 후 스타트업 인큐베이터인 '프라이머'를 설립해 다수의 스타트업을 발굴하고 성공적인 기업으로 도약하는 데 도움을 주었다.

스타트업 선배이자 멘토로서 그가 후배 창업가들에게 강조하는 메시지는 한결같다. 모든 판단기준을 고객에 두라는 것. 창업가의 주장이 브랜드가 아니라, 고객이 인식하는 것이 바로 우리 브랜드임을 잊어서는 안 된다고 말한다.

프라이머와 권도균 대표님 본인에 대한 소개 부탁드립니다.

저는 대학에서 컴퓨터공학을 전공했고 SW엔지니어로서 10년 동안 직장에 다녔습니다. 새로운 기술을 알아가는 즐거움 덕분에 쉽게 마칠 수 있었던 프로젝트도 새로운 기술을 적용해 구현하느라 숱하게 밤을 새우면서도 즐겁게 일했습니다. 정보통신분야 전문회사에 다니는 장점으로 인터넷을 다른 사람들보다 일찍 알았고, 인터넷 전자

(사진 : 프라이머 제공)

상거래, 전자지불 그리고 지금의 블록체인 기술의 기반이 되는 암호인증 기술을 먼저 이해하고 습득할 기회를 얻었습니다. 그 기술들이 제가 사업하는 기반이 되어주었습니다.

10년간의 직장생활을 뒤로 하고 1997년에 이니텍이라는 암호인증기술 회사를 설립해 2001년에 코스닥에 상장했고, 1998년에 이니시스라는 전자지불서비스 회사를 설립해 2002년에 코스닥에 상장시켰습니다. 그 이후 몇 개 회사를 더 설립했다 2008년에 모든 회사들을 매각, 정리하고 후배 창업가들에게 투자하고 경영을 가르치는 방식으로 후배들을 돕고 있습니다.

가장 중요한 것은 오직 '고객'

스타트업에 가장 중요한 본질은 무엇이라고 생각하시나요?

모든 사업이 다 그렇지만 특히 새롭게 시작하는 스타트업에 가장 중요한 것은 바로 '고객'입니다. 고객의 필요와 문제점을 발견하고 그걸 해결하는 것입니다. 이를 위한 활동으로 관찰과 탐색이 있습니다. 현실세계에 존재하는 각종 특이점들을 관찰하고 그것들의 근원을 알기 위한 탐색과 실험을 통해 사업의 뼈대인 비즈니스 모델이 만들어집니다.

새로운 비즈니스 모델이나 사업 아이디어가 있다고 현실세계에서 생존할 수 있는 사업이 되는 것은 아닙니다. 소위 '검증하는 과정'이 필요합니다. 즉 내가 만든 해결책이 기존 해결책들의 틈바구니에서 생존할 만한 생명력(가치)을 지니고 있는지 아는 것입니다. 이것은 관념적이거나 논리적으로 알고 확인할 수 있는 것이 아니라, 실행과 결과를 통해 나타난 숫자로 확인할 수 있습니다.

스타트업이라 부를 때의 전제는 새로운 사업을 시작하는 초기 기업이라는 의미를 함축합니다. 초기 기업의 가장 큰 목표는 바로 생존할 수 있는 '기본적인 생명유지장치'를 만드는 것입니다. 그것 없이 큰돈을 투자받아 잘되는 사업처럼 보이게 할 수는 있지만, 기본 생명유지장치가 없으면 돈이 떨어지는 순간 회사가 망하고 맙니다. 가까운 과거에도 초기 스타트업들이 거금을 투자받아 존재감을 드러냈지만 금방 흔적도 없이 사라진 경우가 얼마나 많습니까?

저는 브랜드에 대한 이론은 잘 모릅니다. 브랜드라는 단어를 너무나 다양하게 사용하고 있는 것 같아서 혼란스럽기도 합니다만, 초기 기업이라면 사업과 브랜드가 같은 단어라고 생각해도 괜찮을 것 같습니다. 사업이란 회사가 만드는 제품/서비스를 고객이 자신에게 필요한 것이라 생각하고, 믿음을 갖고(인식하고), 돈으로 교환하는 것이라 정의할 수 있습니다. 브랜드는 고객이 회사의 제품과 서비스를 자신의 상황에서 인식하는 의미라 볼 수 있습니다. 초기 기업에게는 둘이 하나처럼 움직일 수 있겠죠. 다만 큰 회사는 회사와 제품/서비스가 분리되고, 제품/서비스도 여러 종류가 되므로 브랜드가 분리된다고 볼 수 있겠지요.

초보 창업가들이 브랜드를 예쁘게 디자인한 로고로만 오해하는 경우를 자주 봅니다. 또 우리는 이런 조직/제품/서비스라고 구호(주장)를 외치는 것이 브랜드를 구축하는 길이라고 잘못 생각하는 경우도 많은 것 같습니다. 알맹이는 못 보고 겉포장만 흉내 내는 것이죠.

사기꾼일수록 다른 사람들을 안심시키는 말을 자주, 능숙하게 합니다. 어리석은 사람들은 그 말에 속아 사기를 당하지만, 정상적인 사람들은 말만 믿지 않고 그 사람의 행동과 결정과 앞뒤 논리를 따지면서 판단하죠. 회사의 브랜드 역시 같은 원리가 작용되는 것 같습니다. 거짓 메시지로 잠깐 고객을 속일 수는 있지만 결국은 약속했던 제품/서비스로 발각됩니다. 그런 의미에서 회사의 브랜드는 결국 제품/서비스를 통한 고객과의 약속이라 할 수 있겠습니다.

> 브랜드 관점에서 가장 중요하게 생각하는 브랜드의 정체성 또는 자기다움(브랜드 아이덴티티)을 투자 대상 스타트업을 선정하실 때 중요한 기준으로 보시는지요?

스타트업은 절대적인 리소스 부족에 시달립니다. 정말 최소한의 목표에 모든 리소스를 다 투입해도 턱없이 부족한 상황입니다. 브랜드 아이덴티티를 고민하고 실행할 별도의 조직이나 인력을 할당할 여력이 없습니다. 그렇지만 스타트업이 만드는 제품과 서비스는 소수라 해도 고객에게 전달되고, 고객이 느끼는 제품과 서비스의 인식/이미지는 어떤 식으로든 만들어집니다. 그러므로 스타트업에도 브랜드가 있습니다. 의도해서 만들어낸 브랜드가 아니라 존재 그 자체가 날것으로 고객에게 노출되면서 브랜드로 인식됩니다.

많은 투자자들이 스타트업을 선별할 때 사람을 가장 중요하게 본다고 합니다. 이때 그 사람이 바로 날것으로서 그 회사의 첫 번째 브랜드가 됩니다. 창업자의 인성이 회사와 제품의 브랜드가 됩니다. 창업자의 소명감과 진정성이 브랜드가 됩니다. 창업자의 사업에 대한 열정이 곧 브랜드가 됩니다.

특정 비즈니스 모델에 대해 특별한 소명감을 느끼는 창업자들이 있습니다. 이런 소명의식은 사업의 어려움을 이기고, 마지막 열정까지 끌어낼 수 있게 합니다. 그러나 이런 창업가는 소수입니다. 또 특별한 재능과 능력을 가진 탁월한 창업가 역시 소수입니다.

그러면 이들 소수의 엘리트 창업가 외에 평범한 사람들은 창업하면 안 되나요? 혹은 평범한 사람들이 창업해서 따라갈 수 있는 길은 없나요? 이런 질문을 하게 됩니다. 그러면서 지극히 평범한 엔지니어였던 저 스스로를 돌아보았습니다. 길이 있습니다.

저는 처음부터 탁월한 천재 창업자를 돕는 것도 좋지만, 보통의 재능을 가진 평범한 창업자들을 도와서 오래 걸리더라도 탁월한 결과를 만드는 것을 도울 때 더 짜릿함을 느낍니다. 이것이 바로 피터 드러커가 말하는 '경영의 힘'입니다. 그는 '좋은 경영은 평범한 사람들을 데리고 탁월한 결과를 만드는 힘'이라고 했습니다.

저는 사업을 특별한 재능을 가진 특별한 사람들이 하는 것이라 믿지 않습니다. 보통의 사고와 행동을 할 수 있는 평범한 사람들이 적절한 방법(경영)을 배우면 누구나 성공적으로 사업을 운영할 수 있다고 믿습니다. 그런 점에서 '왜 이 사람이 창업자로 적합한가'라고 질문한다면 저의 대답은 '정상적인 평범한 사람이니까'입니다.

스타트업의 여러 활동 가운데 홍보, 마케팅은 매우 중요합니다. 홍보, 마케팅에는 CEO의 활동을 통해 알려지는 것PI도 포함되겠지요. 또 사업의 종류에 따라 이것이 가장 중요한 홍보방식인 사업도 있을 겁니다. 그러나 대부분의 경우는 아닙니다.

대표나 주요 임원의 PI가 구체적으로 무엇이 될지와 상관없이 그들의 시간을 빼앗는다는 점에서 그리 권장할 만하지 않습니다. 스타트업에 가장 희귀하고 중요한 자원은 돈이 아니라 대표와 주요 임원의 시간입니다. 그것을 PI 활동에 쓰는 것이 과연 가장 높은 우선순위인지 진지하게 돌아봐야 합니다. 심지어 그것이 과연 회사일인지, 대표의 개인적인 취미생활인지부터 질문해봐야 합니다.

저는 초기 스타트업 대표의 대외활동은 권하지 않습니다. 원래 하려던 본연의 사업에만 집중하도록 권합니다. 유명해지면 사업이 잘되는 것이 아니라, 사업이 잘되면 저절로 유명해진다는 아이러니도 기억해야 합니다.

동기부여, 권한위임 등을 포함한 '내적 참여(internal engagement)'의 중요성에 대해 어떻게 생각하시나요?

제가 쓴 책의 어떤 단락에 '사업은 인격수양의 길이다'라고 썼습니다. 경영은 사람과 함께 특정한 목표를 달성하는 일입니다. 협업입니다. 사람의 문제가 가장 어려운 문제 중 하나입니다. 아직 사업이 단단해지지 않은 상태이기 때문에, 또 대표 스스로가 여전히 초보 사장이기 때문에 본인의 불만보다 직원들의 입장을 이해하는 데 더 많은 에너지를 써야 합니다.

제가 프라이머를 운영하는 방식에 대해 소셜네트워크에 이런 글을 쓴 적이 있습니다.

'프라이머는 파트너 4명이 미국 2명, 한국 2명으로 흩어져 원격으로 일함, 직원을 포함해 모두 출퇴근 없음. 매주 화요일 점심식사 같이하는 것이 유일한 직원 모임, 1년에 한 번 3박4일 전체 워크숍이 유일한 전체모임. 끝.

나머지는 페북 메신저, 페북그룹, 메일, 구글문서, 스카이프로 모든 업무 해결. 무엇보다 각자 할 일이 명백하면 굳이 누가 지시하고, 누가 관리하고, 누구랑 회의하고, 누구에게 보고하는 일 없이 자기 일을 하면 그만. 물론 서로 정보를 공유하기 위한 커뮤니케이션 활동은 있음. 밤 12시에도 메시지가 오가고 포트폴리오팀과는 새벽 1시에도 메신저하다가 스카이프로 옮겨서 토론하기도 함.

본업에 집중하고, 군더더기를 없애면 높은 생산성을 낼 수 있지요. 쓸데없는 일 안 하고, 스스로 컨트롤할 수 있으면 일의 만족도도 높죠. 휴가계도 없고 자신의 일을 고려해 스스로 일정을 정하고 공용 구글 캘린더에 기록만 하면 끝.

이런 자율을 방종으로 오용하는 아마추어에게는 적합하지 않지만, 본업에 집중해 진짜를 만들고 성과를 내겠다는 프로들에게는 이런 스마트워킹은 편한 직장이 아니라 가장 힘든 직장이면서 가장 큰 성장을 이루는 혜택일 거예요.'

너무 이상적이어서 우리 회사는 이렇게는 안 된다고 포기하지 말고, 직원 한 사람 한 사람의 업무를 명확히 하고 그 업무를 통해 성장시킬 수 있도록 도와주기만 하면 동기부여나 권한위임 등의 이슈들은 저절로 해결될 것입니다.

자신의 그릇과
인생의 방향이 있음을 알라

과거 대표님 인터뷰 중 크게 와 닿았던 부분이 '플랫폼'이라는 단어를 머리에서 지우라는 말씀이었습니다. 제품이든 서비스든 꾸준히 지속적으로 사업을 일궈가면 그게 결국 플랫폼을 형성하는 것이라는 의미였는데. 스타트업에게 작게 시작하고 디테일을 챙기는 부분이 어느 정도 중요하다고 생각하는지요?

플랫폼의 동의어는 '성공'입니다. 모든 제품이 성공하면 인접 제품/서비스들의 중심이 되어 플랫폼이 됩니다. 심지어 볼트 제품 하나도 성공하면 플랫폼이 될 것입니다. 플랫폼은 목표가 아니라 성공의 부산물일 뿐입니다. 무엇을 해야 성공할지 고민해야 하는데, 플랫폼을 만들면 성공할 거라 착각해 사업을 추진하면 길을 잃고 말지요.

주로 IT 분야 창업자들이 플랫폼 비즈니스에 대한 신화를 갖고 있는 것 같습니다. 그때 가만히 들어보면 플랫폼이라는 말을 소프트웨어와 혼용해서 쓰는 걸 발견합니다. 거창하게 이야기해서 플랫폼이라고 말했지만 사실 그것은 소프트웨어 프로그램일 뿐입니다. 플랫폼이라고 명명하면 마치 살아서 움직이면서 양측 고객들에게 뭔가 서비스를 제공한다는 느낌이 듭니다. 그런데 소프트웨어 프로그램이라고 말하면 그저 정적인 어떤 건물과 같다는 걸 발견합니다.

플랫폼 비즈니스든 쇼핑몰이든, 소프트웨어 프로그램이 혁신을 만들거나 고객만족을 낳는 서비스를 제공하는 것이 아닙니다. 고객에게 서비스를 제공하는 것은 사람입니다. 창업자들입니다. 창업자들의 관심과 열정과 노력입니다. 그것 없이 소프트웨어 프로그램이 창업자 대신 플랫폼이 되어 고객을 만족시켜주지는 않습니다.

궁극적으로 이윤을 창출하지 못하면 영속하는 기업/브랜드가 될 수 없는데, 스타트업이 지속적으로 성장하기 위해 가장 중요하게 생각하는 부분은 무엇인지요?

반복되는 이야기 같지만 고객만족입니다. 그냥 만족하는 것이 아니라 재방문, 재구매를 할 정도로 만족시킬 수 있는 제품과 서비스가 핵심이지요. 고객을 잠깐 속여서 한두 번 판매할 수는 있어도 지속적인 구매 혹은 팬이 되도록 하는 무언가가 없으면 회사를 지속하는 데 너무 많은 비용이 들어갑니다. 물론 이익을 내기 위해 근본적으로 비즈니스 모델의 한 거래단위당 경제성unit economics이 있어야겠지요. 경제성 없는 모델을 가지고 투자받은 돈으로 성장만 만들다가 돈이 떨어지면 문을 닫는 스타트업이 많습니다.

대표님이 생각하는 스타트업의 정의란 무엇인가요?

스타트업은 기업 혹은 회사의 한 형태인데, 기술뿐 아니라 다양한 분야의 혁신을 통해 기존에 있던 것에 새로운 가치를 부여해 경쟁력을 갖춘 회사를 지칭합니다. 단순히 도매에서 물건을 사서 소매로 판매하는 사업은 좋은 사업이 될 수는 있어도 스타트업이라고는 부르지 않지요.

시작하는 스타트업 창업자들에게 해주고 싶은 말이 있다면 부탁드립니다.

많은 사람들이 창업을 꿈꾸지만 실행하지 못한 채 5년, 10년 심지어 20년 혹은 평생을 보냅니다. 주도적으로 내 아이디어와 내 능력으로 무언가를 하기로 시작했다면 5부 능선을 넘은 것입니다. 다만 창업하는 사람이 다 스티브 잡스나 마크 저커버그는 아니라는 사실을 알면 좋겠습니다. 자신의 그릇과 자신만의 인생의 방향이 있다는 것을 알고 사업에서도 남을 흉내 내는 것이 아니라 자신의 길을 걷기를 권하고 싶습니다. 그러려면 지금보다 훨씬 더 자신을 신뢰하고 자신감을 가져야 한다고 말하고 싶습니다.

9

오프라인에서
고객 경험을 완성하라

"해보셨나요?
  직접 경험해보셨나요?"

경험하지 않아도 경험할 수 있는 세상이다. 다양한 미디어의 콘텐츠는 물론 인스타그램 사진, 블로그 리뷰, 커뮤니티 후기 등 수많은 채널을 통해 제품과 서비스를 간접 경험할 수 있다. 물론 정보를 통한 간접경험만을 뜻하는 것은 아니다. 직접 만나지 않아도 디지털 기기와 모바일을 통한 거래가 활발하게 이루어지며, 비중 또한 점점 커지고 있다. 오늘날의 변화를 주도해온 디지털은 기업, 특히 스타트업에 많은 기회를 제공한다. 리소스가 부족한 스타트업은 상대적으로 비용 부담이 덜한 디지털 채널을 통해 자신들의 제품과 서비스를 알리고 브랜드 인지도를 쌓아간다. 디지털을 통해 첫 구매를 유도하고, 반복 구매를 제안한다.

사실 여기까지는 광고나 마케팅으로 어느 정도 해결 가능하다. 하지만 그다음 단계, 즉 구매한 이들을 우리 제품이나 서비스에 충성심을 갖는 팬으로 만들려면 디지털만으로는 부족하다. 고객들에게 다른 곳에서는 할 수 없는 경험을 제공해 우리와 특별한 관계를 맺게 해야 한다. 즉 브랜드에 대한 직접경험이 필요하다.

그런 경험을 어떻게 제공할 수 있을까. 디지털 기반의 비즈니스를 하면서 오프라인에서 어떤 경험을 제공할 수 있을까. 스타트업이라면 고민이 많을 것이다.

간접경험을 '진짜'로

디지털 시대일수록 고객경험이 중요해지고 있다. 이에 따라 나타나는 현상 중 하나가 오프라인 공간에 대한 관심과 투자다. 우리나라의 많은 스타트업들도 공간을 통한 커뮤니케이션을 늘려가고 있다.

디지털을 기반으로 하는 스타트업에게는 고객들이 제품이나 서비스를 실제 사용해보면서 경험할 수 있는 오프라인 공간이 훌륭한 해결책이 된다. 제품이나 서비스의 특성, 브랜드 아이덴티티가 잘 녹아든 오프라인 공간을 통해 고객들에게 브랜드가 가진 매력을 경험하고 특별한 관계를 맺을 수 있는 순간을 만들어주는 것이다. 디지털의 중요성이 강조될수록 오프라인 매장의 역할은 낮아질 거라던 예상과 달리 오프라인 매장은 여전히 비중 있게 다뤄진다. 온라인에서 시작한 많은 스타트업들이 비즈니스 모델을 오프라인으로 확대하거나 오프라인 유통에 특화된 제품을 론칭하는 이유도 그런 흐름을 반영한다.

물론 오프라인 공간은 온라인에 비해 훨씬 더 많은 투자비용이 들어가고, 정확한 효과측정도 어렵다. 그럼에도 고객들이 실제 제품과 서비스를 만지고 느끼고 경험하는 과정을 통해 얻을 수 있는 감성적인 교감과 브랜드에 대한 직접경험을 선사하기 위해 많은 기업이 오프라인 공간을 마련하고 있다.

온라인 패션 큐레이션 서비스를 제공하는 스트라입스가 전용 스토어를 열고, 푸드 콘텐츠 플랫폼인 '오늘 뭐 먹지?'에서 오프라인 이벤트를 개최하고 '오먹상점'을 여는 것 역시 이러한 맥락이다. 콘텐츠 회사인 72초TV는 크래프트 브루어리인 더부스와 팝업 펍Pop-up Pub을 오픈했는데, 이 또한 영상 콘텐츠에 머물러 있는 드라마를 고객들이 직접 체험하게 하여 콘텐츠 경험을 확대해가려는 목적이었다.

아울러 오프라인 매장이나 오프라인 중심의 커뮤니티는 우리 브랜드의 고객이 누군지, 어떠한 특성을 갖고 있는지 파악하는 데 활용되기도 한다. 온라인 구매패턴이나 댓글 등의 피드백으로는 파악할 수 없는 고객경험 동선, 구매패턴, 연령/성별에 따른 취향, 접점의 우선순위 등을 파악하여, 고객들이 말하지 않았거나 어쩌면 고객 스스로도 모르고 있을 '충족되지 않은 진짜 니즈unmet needs'를 찾는

데 활용하는 것이다.

온라인 서점으로 시작해 기존 오프라인 서점 중심의 패러다임을 바꿔버린 아마존은 2016년 말, 오프라인 서점인 아마존북스Amazon Books를 론칭했다. 아마존북스는 세계에서 가장 땅값이 비싼 곳 중 하나인 뉴욕 맨해튼 한복판에 매장을 열고, 방문한 고객들에게 "매장에서는 구경만 하고 온라인으로 주문하라"며 오프라인 경험을 온라인으로 연결시킨다. 책에 관한 추가적인 정보나 할인혜택 등을 확인하려면 책에 붙은 QR코드를 찍어 검색해야 하는데, 이 과정을 통해 아마존은 독자들이 원하는 정보를 제공하는 동시에 고객데이터를 확보할 수 있다. 특정 고객이 어떤 책을 처음 선택했고, 어떤 책들을 살펴보았으며 최종 구매한 책이 무엇인지, 구매패턴의 전 과정이 수집되는 것이다.

이 밖에도 고품질의 안경을 저렴한 가격에 판매하는 온라인 안경 전문점 와비파커, 최근 월마트가 인수 계획을 발표한 업스케일 남성복 전문 이커머스인 보노보스Bonobos 등 글로벌 이커머스 기업들도 오프라인 매장을 열고 그 수를 늘려가고 있다.

와비파커는 지난 2013년 뉴욕을 시작으로 15개 이상 도시에서 오프라인 매장을 운영하고 있다. 와비파커는 파격적인 가격에 자신이 원하는 안경테 5종을 무료로 배송해주고, 고객이 그중 하나를 선택하면 렌즈를 끼워 다시 보내주는 비즈니스 모델로 큰 성과를 거뒀다. 디지털 시대의 특성과 고객의 니즈를 명확하게 파악하여 단기간에 빼어난 성과를 거둔 와비파커가 굳이 오프라인 매장을 운영하는 이유는 무엇일까? 고객에게 와비파커의 제품을 사용하고 브랜드를 체험하는 기회를 제공함으로써 만족도를 높이고, 궁극적으로 온라인 매출을 올리기 위해서일 것이다. 시력이나 눈 사이의 거리 등 고객에게 유용한 정보를 매장에서 측정해주고 홈페이지에 저장하는 것도 이후 온라인에서의 구매과정을 편리하게 만들어주기 위해서다.

퍼블리는 크라우드펀딩을 활용한 비즈니스 모델로 출발했다. 이들이 크라우드펀딩에서 판매할 상품을 구성하면서 가능한 한 빠뜨리지 않는 것이 오프라인에서의 독자와의 만남이다. 패키지 안에 저자와 함께하는 오프라인 모임 상품을 포함시켜 수익을 높이는 동시에, 독자들에게 퍼블리라는 브랜드와 퍼블리를 만드는 사람들을 직접 만나고 교류할 기회를 주는 것이다.

아울러 오프라인 모임을 통해 퍼블리는 온라인에서는 쉽게 파악할 수 없었던 독자 정보를 알 수 있었다고 한다. 홈페이지 회원가입으로는 얻을 수 있는 기본 정보가 제한되어 있기에, 오프라인 모임을 통해 퍼블리의 독자들이 누구인지, 어떤 성향을 가지고 있는지, 그들은 콘텐츠를 어떻게 소비하고 활용하는지를 파악하는 것이다. 오프라인 공간에서의 만남은 독자들에게 믿음과 신뢰도를 높일 뿐 아니라, 퍼블리에 대한 긍정적인 입소문을 자발적으로 내는 팬층을 형성하는 데에도 큰 역할을 했다.

이렇듯 디지털 시대라는 표현이 무색하리만큼 여전히 일반 기업들부터 작은 스타트업까지 고객들이 자사의 브랜드를 직접 경험할 수 있는 오프라인 매장이나 팝업 스토어에 많은 투자를 하고 있다. 그것이 여의치 않을 때에는 단발성 이벤트나 커뮤니티 모임 등, 오프라인에서의 직접경험을 전할 수 있는 채널과 기회를 늘리기 위한 노력을 다양화하고 있다.

O2O의 출발은 온라인이 아닌 오프라인이어야 한다

고객의 직접경험이 반드시 특별한 오프라인 공간이 있어야만 생기는 것은 아니다. 제품이나 서비스를 통한 직접경험이 훨씬 강력할 때도 있다.

가방을 만드는 로우로우는 정작 가방에 대한 전문적인 노하우나 경험 없이 레드오션에 뛰어든 스타트업이다. 그런데도 이들이 가방을 출시하자마자 유명 편집숍에 입점하고 매진사태를 빚게 된 데에는 오프라인의 고객 접점에 기울인 정성이 한몫했다. 로우로우의 이의현 대표는 회사 설립 후 처음 8개월 동안 오프라인 매장에서 들어오는 주문에 대해서는 화물이나 택배를 이용하지 않고 직접 가져다주었다고 한다.

"아무리 컨셉이나 브랜드 아이덴티티가 좋아도 제품은 유통사로 넘어가고 바이어로 넘어가고 점장으로 넘어가요. 그리고 최종 커뮤니케이터는 판매 스태프거든요. 저희는 판매하는 아르바이트 친구들에게 간식 사들고 가서 제품에 대해 상세하게 이야기했어요. 이 가방은 이태리 가죽이고 왁스 코팅을 했고 내부에 무슨 기능이 있는지 등등 상세하게 설명했는데 그게 인상적이었을 거예요. 다른 브랜드는 종이 한 장짜리 설명서만 오는데 상대적으로 저희 브랜드가 달라 보였겠죠. 저도 편집숍 바이어를 했으니 그런 사정을 잘 알고 있었어요. 제품설명을 다 읽어보지도 못하고, 연예인 누가 입는다, 요즘 뜬다 그러면 그냥 입점시키는 식이었거든요. 이런 일방적인 방식과는 다른 접근이 아마 차별화 포인트였던 것 같아요."

그들의 노력 덕분에 매장 직원들은 신생기업임에도 로우로우에 대해 잘 알게 되었고 고객들에게 자신 있게 상품을 추천했으며, 이를 바탕으로 8개월 만에 가방 시장에서 판매 1위를 했다. 고객들이 로우로우의 제품과 브랜드를 직접 경험할 때 최고의 만족을 느낄 수 있도록 한 결과다.

스트라입스는 '찾아가는 맞춤정장'이란 컨셉 아래 O2O 서비스를 제공하는 스타트업이다. 패션 전문가들로 구성된 로드테일러(스타일리스트)가 직접 고객을 찾아가 신체 사이즈를 측정하고 고객의 체형과 피부 톤 등을 고려해 가장 잘 어울리는 제품과 디자인, 스타일링을 제안한다. 사업 초기 스트라입스는 고객들에게 오프라인 경험을 선사하기 위해, 강남역 인근에 가판을 깔고 지나가는 사람들을 붙잡아 사이즈를 측정해주었다. 자신의 몸에 잘 맞는 옷을 만들어준다는 말에 많은 이들이 사이즈 측정에 관심을 보였지만, 실질적인 구매로 이어지지는 않았다. 고심한 결과 그다음부터는 온라인으로 사이즈 측정을 신청받은 후 로드테일러들이 직접 찾아가 스타일을 상담해주고 어울리는 옷을 추천하는 방식으로 변경했다. 고객을 만나는 접점이 제한적이었던 기존의 방식에 비해 이제는 고객이 원하는 시간과 장소에서 브랜드를 경험하게 한 것이다. 고객에게 브랜드를 직접적으로 경험하는 순간을 만들어주자 상담 후 구매율은 100%에 육박하게 되었다.

스트라입스는 이러한 고객경험 노하우와 수집한 고객 데이터를 바탕으로 찾아가는 맞춤형 서비스를 넘어 고객들이 찾아올 수 있는 오프라인 매장을 열었다. 기성복 착용 시 가장 불편하게 여기는 것이 목둘레와 팔길이라는 점을 확인한 후 이를 세분화해 기성복을 총 90개 사이즈로 구분했고, 오프라인 공간에서 판매하며 '찾아가는 맞춤형 남성의류'라는 컨셉을 고객들이 직접 경험할 수 있도록 구현했다.

스트라입스와 같은 사례도 있지만, 디지털 시대의 대표적인 비즈니스 모델인 O2O 사업들이 많은 어려움을 겪고 있다. O2O 비즈니스가 처음 등장했을 때는 획기적인 비즈니스 모델이라는 평가가 대부분이었지만, 많은 회사들이 기대에 미치지 못했고 저조한 실적으로 문을 닫는 곳들도 많았다. 원인은 다양하겠지만 고객들이 실제 경험할 오프라인에 대한 정확한 이해 없이, 온라인 관점에서 어떻게 오프라인을 연결할 것인지에만 초점을 맞춘 것이 패착일 것이다. 브랜드의 매력은 실제 브랜드를 만지고 느끼고 경험하는 과정을 통해서 얻는 감성적인 교감에 크게 좌우되는데 말이다.

스타트업은 비교적 빠른 시간 내에 자신을 알려야 하고, 그러기 위해서는 고객의 목소리를 초기부터 최대한 많이 들어야 한다. 따라서 오프라인 공간에서의 경험은 소홀히 해서는 안 되는 지점이다. 고객들이 우리 제품이나 서비스를 만나게 될 모든 접점을 챙겨야 한다는 의미다. 만약 고객과 직접 만나는 계기가 없다면 어떠한 방식으로든 이러한 '고객 접점의 순간the moment of touch'을 만들어야 한다. 소셜미디어나 온라인 페이지 등의 디지털 채널을 통해 제품의 스펙이나 서비스의 세부 기능을 소개할 수는 있지만, 브랜드가 담고 있는 총체적인 가치를 전달하기에는 아무래도 한계가 있다. 온라인에서 시작한 많은 스타트업들이 비즈니스 모델을 오프라인으로 확대하거나 오프라인 전용 제품을 론칭하는 이유도 이러한 점에 주목했기 때문이다.

우리나라를 대표하는 배달 O2O 서비스 배달의민족 앱에는 생뚱맞게도 문구류 카테고리가 있다. 고객들이 'B급, 패러디, 키치'라는 브랜드 아이덴티티를 경험할 수 있도록 배달의민족 특유의 정서와 유머코드를 담은 문구제품을 제작, 판매하는 것이다. 나아가 온라인에서만 판매하지 않고 '배민문방구'라는 팝업스토어를 다양한 공간에서 선보임으로써, 배달의민족이 제공하는 브랜드 가치를 경험하도록 했다.

패션 공유 플랫폼 스타일쉐어는 온라인에 집중하고 있지만, 오프라인 진출을 항상 염두에 두고 있다. 유저들이 쇼핑을 잘할 수 있게끔 도와주는 공간, 자신의 물건을 팔 수도 있고 살 수도 있고 여타 서비스를 즐길 수 있는 공간을 구상 중이라 한다. 현재는 그 전 단계로 스타일쉐어의 온라인 경험을 오프라인에 그대로, 집약적으로 전달해주자는 취지로 매년 '스타일쉐어 마켓페스트'를 개최하고 있다. 개별 기업이, 더욱이 온라인 기반의 스타트업이 꾸준히 대규모 행사를 이어온다는 것만으로도 놀랍지만, 서비스 타깃인 10대 후반~20대 여성들 사이에 이 행사가 하나의 문화로 자리 잡았다는 점에 더 주목해야 할 듯하다. 5만여 명의 유저들과 직접 만나면서 스타일쉐어는 고객을 더 깊이 이해할 수 있고, 브랜드 인지도를 높일 수 있었다고 말한다.

이처럼 고객과 직접 만나면서 기업은 사업의 본질과 브랜드 아이덴티티를 확인받을 수 있다. 나아가 오프라인으로 사업을 확장하는 모멘텀을 형성하기도 한다. 그리드잇은 푸드 페스티벌을 통해 콘텐츠 비즈니스를 넘어 커머스 비즈니스, 오프라인 비즈니스까지 음식 관련 비즈니스를 수직계열화할 수 있다는 가능성을 확인했다.

스마트스터디도 비슷한 경험을 했다. '핑크퐁'의 성공을 발판으로 사운드북, 뮤지컬 등 다양한 상품으로 기획하던 당시, 온라인 기반의 사업모델에서 오프라인 상품을 준비하는 것이 쉽지만은 않았다고 말한다. 이때 오프라인 공간에서 '진짜 팬'을 만난 경험이 사업을 확장하는 데 자신감을 주었다고 한다.

"2015년 11월에 처음 유아교육전에 나가면서 오프라인 상품을 선보였는데, 당시 저희가 부스를 가장 크게 지었습니다. 그때는 목공을 해서 부스를 만드는 업체들이 거의 없었어요. 저희는 게임쇼를 경험해봐서 당연히 '할 거면 크게 해야지' 했는데 유아시장은 그렇지 않더라고요. 그런데 전율을 느꼈던 장면이, 저 멀리서 엄마와 아이가 '아! 핑크퐁이다!' 하면서 뛰어오는 모습이었어요. 저희로서는 생산비가 많이 들어가고 오프라인 상품의 재고 부담도 느끼고 있었는데 그 모습을 보면서 '아, 이거 가능하겠다'고 느낀 거죠. 오프라인에서 금전적인 이득을 얻는 것은 나중 일이 되겠지만, 적어도 이 지점에서 사업을 전개할 수 있는 발판은 확보할 수 있겠다고 생각했어요. 그때부터 더 많은 파트너 업체들에게 연락을 받았고요."

박현우 대표의 말처럼, 고객뿐 아니라 스타트업에게도 오프라인이 주는 힘은 크다. 오프라인 공간을 통한 브랜드 경험과 이를 기반으로 하는 고객 커뮤니케이션의 영향력은 계속 커질 것이다. 모든 것들이 디지털화되어가는 시대이지만, 사람들은 본인이 좋아하는 것이 삶의 경험과 스토리로 녹여진 것에 관심을 갖는다. 오프라인 경험으로 디지털의 브랜드 영향력은 더 강해질 것이고, 오프라인 경험을 통해 비즈니스와 브랜드는 사람들의 마음속에 구체적인 형태와 느낌을 갖게 될 것이다.

콘텐츠 비즈니스를 넘어 커머스 비즈니스, 오프라인 비즈니스까지 가능하다

그리드잇 | 이문주 대표

국내 최대 푸드 커뮤니티인 '오늘 뭐 먹지?'와 해외 독자를 위한 동영상 레시피 채널인 '쿠캣'을 운영하는 그리드잇은 2014년 설립 이후 음식 전문 미디어, 나아가 음식 관련 비즈니스 전반에 진출하고자 하는 그림을 그리고 있다. 이문주 대표는 자신의 회사 '모두의지도'가 그리드잇과 합병하면서 대표이사가 되었고, '오늘 뭐 먹지?'를 구독자 중심의 본격적인 소셜 푸드 커뮤니티로 탈바꿈시켰다.

'오늘 뭐 먹지?'가 브랜드명이죠? 띄어쓰기 안 한 '오늘뭐먹지?'는 베낀 콘텐츠인 거죠? 당연히 같은 곳에서 운영하는 줄 알았는데 자세히 보니 다르더라고요.

아, 네. 저희 메인 브랜드는 '오늘 뭐 먹지?'와 '쿠캣'이고요. 최근에는 저희도 브랜드 일원화에 대한 필요성을 느껴서 아예 쿠캣으로 회사명을 바꾸려고 준비하고 있습니다.

브랜드와 회사에 대한 소개, 대표님에 대한 소개 간단히 부탁드립니다.

시간 순서대로 말씀드리면 저는 대학생 때 창업해서 '모두의지도'라는 스타트업을 경영하다 그리드잇과 2015년 합병하게 됐어요. 그때 브랜드는 '오늘 뭐 먹지?' 하나뿐이었죠. 이미 250만 명 정도의 구독자를 가진, 한국에서 가장 큰 페이스북 페이지였죠. 그 전에 많은 음식 관련 페이스북 페이지가 있었는데 저희가 유독 빠르게 성장한 이유는 저희만의 원칙 때문이기도 하지만 이름이 주는 강력한 파워 덕분이 아닐까 싶어요.

처음에는 '오늘 뭐 먹지?'로 어떤 사업을 해야 할지 정말 많이 고민했어요. 처음에는 당연히 어플리케이션을 만들어야겠다고 생각했어요. 당시 했던 인터뷰에서도 그렇게 말했던 것 같아요. 그런데 곰곰이 생각해보니 돈을 어떻게 벌어야 할지, 수익창출을 고민하게 되더라고요. 모두의지도 서비스를 2년 동안 하고 유저를 모으면서도 돈 버는 고민은 안 했거든요. 그냥 유저를 많이 모으면 성장할 수 있다는 막연한 생각이었죠. 그런 시기를 거치고 나니 반대급부로 돈을 벌어야겠다는 생각이 들었어요.

어플리케이션으로 만든 후 돈을 어떻게 벌지 고민해보니 답이 안 보이는 거예요. 미슐랭 가이드나 블루리본 서베이 같은 회사를 해야

(사진 : 그리드잇 제공)

하나, 맛집 어플을 만들어야 하나, 피키캐스트처럼 어플리케이션으로 사람을 모아서 광고를 붙여야 하나… 답이 없는 거예요. 돈을 벌 수 없을 것 같단 생각만 들었죠.

그러다 우연히 '오늘 뭐 먹지?' 관리자 권한을 이양받고 을지로 고깃집에서 삼겹살을 구워 먹었어요. 그때 고기 먹는 영상을 찍어서 올려봤는데 그걸 200만 명이 본 거예요. 그냥 삼겹살 굽는 30초짜리 영상인데요. 희열 같은 걸 느꼈어요. 이걸 일종의 언론이라 볼 수 있겠구나. 내가 뭔가 먹는 걸 올리면 수많은 사람들이 보는데, 이건 결국 메시지가 아닌가 생각했어요. 하다못해 밤늦게 라면 끓여먹는 영상을 올리면 적어도 전국에서 수천 명은 라면을 끓여먹겠구나. 이건 굉장히 큰 힘이라고 생각했어요. 그러고는 사람들의 행동을 변화시킴으로써 회사를 성장시켜야겠다고 결심했죠. 자체 어플리케이션 안에 사람들을 모아놓으면 그 안에서만 돌아가게 하는 거지만, 소셜미디어는 유저뿐 아니라 유저의 친구까지 넘어가잖아요. 결국 가장 많은 사람들에게 콘텐츠를 제공하고 그 안에 우리 메시지를 담아서 사람들의 행동을 만들어가는 게 필요하겠구나 생각하고 나니 어플리케이션 같은 자체 서비스에 대한 니즈가 확 사라졌어요.

대신 어떻게 사람들을 더 많이 모으고 더 많은 메시지를 전달할 것인지 고민하다 콘텐츠 사업을 해야겠다고 생각하게 됐죠. 그동안 우리는 외부에서 만드는 콘텐츠를 제보받아 효율적으로 사용하는 것을 고민했는데, 어떻게 하면 우리가 원하는 메시지를 잘 전달하고 사람들을 변화시킬지 고민하게 됐어요. 그게 콘텐츠 비즈니스를 하게 된 계기였어요.

그때 마침 버즈피드BuzzFeed의 브랜드/서비스인 테이스티Tasty가 핫했어요. 10년도 넘은 미디어사인데 잘 안 되다가 테이스티 하나로 세계를 제패하고 있었죠. 전 너무 재밌어서 열심히 봤는데 주변 사람들이 아무도 안 보는 거예요. 왜 이게 한국이나 아시아인들에게 인기가 없는지 보니, 다루는 음식이 너무 생소했어요. 조리법도 재료도. 그럼 한국 사람들을 대상으로 한국 음식, 아시아 사람들을 대상으로 아시아의 조리법, 아시아에서 쉽게 얻을 수 있는 재료로 하는 요리, 콘텐츠 사업을 하면 무조건 대박나겠다 싶어서 빠르게 그런 채널을 만들었어요. 그게 '쿠캣'이죠.

방송국 PD로 있던 과 선배를 설득해 데리고 와서 열흘 만에 채널을 론칭해서 한 달 만에 30만 명 구독자를 모았죠. 고무적이었어요. 맨 처음 타깃은 한국인이 아니라 아시아 사람들이었어요. '오늘 뭐 먹지?'로 이미 주간 도달자가 1300만~1500만 명 정도였어요. 소셜미디어를 쓰는 한국 사람들에게는 다 저희 콘텐츠가 도달하는 상태였거든요. 그래서 더 이상 한국 채널은 필요하지 않다고 생각했는데, 쿠캣에 자꾸 한국 사람들이 들어오는 거예요. 한글 댓글이 달리기 시작하면 외국인들이 댓글을 안 달거든요. 안 되겠다 싶어서 한 달 뒤에 쿠캣코리아를 따로 론칭했는데, 이것도 잘되어서 1년 동안 600만 명 정도 구독자를 모은 것 같아요. 그러면서 본격적으로 콘텐츠 사업을 시작했다고 생각합니다.

지금은 주 수익이 어디서 발생하나요?

저희 수익모델은 먼저 콘텐츠 비즈니스가 있어요. 네이티브애드라고 해서 브랜디드 콘텐츠를 만들어주는 일을 해요. 보통 쿠캣을 통해 대기업의 제품을 보여주고 이걸 어떻게 활용해서 먹고, 얼마나 맛있는 음식이 되는지를 콘텐츠로 보여줘요. 저는 파워풀한 콘텐츠라고 생각하는데 그만한 매출이 나오지 않는 거예요. 차라리 우리 걸 파는 게 낫겠다고 생각해서 외부에서 제품을 소싱해서 팔아보기도 했는데, 그 제품이 잘되니까 저희를 외면하더라고요. 그래서 저희 걸 만들어야겠다고 생각하고 자체 PB Private Brand 제품을 판매하기 시작했죠.

그렇게 만들어진 게 '발라즈'라는 브랜드로 나오는 스프레드 제품들이에요. 스프레드 제품은 올해(2017년) 3월부터 나갔고 일명 '쿠텔라'라는 제품은 4월에 론칭했는데 두 달 만에 10만 병을 수출했어요. 아시아 지역에 콘텐츠를 제공하니까 이런 제품이 나왔다고 아시아에 뿌렸죠. 그러고 나니 많은 벤더들이 연락해서 제품을 가져 갔어요. 차곡차곡 자체 브랜드를 만들어가면서 일종의 푸드컴퍼니 로 성장하고 있어요.

동시에 글로벌 푸드컴퍼니의 제품들을 아시아, 한국 시장으로 가 져오는 일을 하고 있어요. 작년 말에 눈여겨본 게 '이지치즈'라는 제 품인데, 저희 구독자들이 워낙 좋아하는 게 치즈 제품들이에요. 여 러 우여곡절을 겪으면서 해외수입을 시작했고, 이지치즈 성공사례 를 만들고 나니까 유럽이나 미국의 제조업체들이 저희에게 총판권 을 주더라고요. 해외 마켓의 제품이 아시아 시장에 들어오고 싶은 데 어떻게 해야 할지 모르는 상황에서 그리드잇이라는 회사가 있다 고 소문이 난 거예요. 지금은 해외 제품이 국내에 들어왔을 때 프로 모션을 하고 유통업체에 배급해주는 중간 역할을 할 수 있겠다 싶어 서 관련 비즈니스를 준비하고 있습니다. 애초에 저희가 푸드 쪽만 하 고자 한 이유가 음식 관련 비즈니스를 수직계열화하고 싶어서였거 든요. 그중 하나가 저희 PB제품, 해외제품 소싱이 된 거죠.

동시에 저는 온라인에만 국한되면 안 된다고 생각했어요. 저희가 만드는 푸드 콘텐츠를 사람들이 직접 즐기면 좋겠는데 그런 방법이 커머스를 통해 제품을 주는 것도 있지만 페스티벌도 그중 하나였어 요. 작년 말에 코엑스에서 더큐브 프로젝트라는 걸 진행했고 정말 많은 사람들이 왔어요. 저희도 예상을 못했고 코엑스에서도 기대를 안 했어요. 임대료가 아예 없을 정도였으니까요.

저희가 처음 10개 벤더를 데리고 부스를 차렸는데 감당이 안 될 정도로 많이 오신 거예요. 비도 많이 오고 추운 날씨에 우산 쓰고 1시간씩 기다려서 떡볶이를 먹는 걸 보면서 저희도 놀랐어요. 코엑스에서는 더 놀란 거죠. 십수 년 동안 해온 집객 메커니즘이 다 바뀌었다고 하면서 1년 중 가장 큰 페스티벌을 저희에게 맡기겠다고 해서 5월에 잇더서울Eat the Seoul을 하게 됐죠. 잇더서울에만 10일 동안 40만 명이 왔어요. 많은 사람들에게 즐거움을 주고 있구나 싶어서 뿌듯했습니다. 축제 비즈니스는 계속 하고 싶어요. 돈이 되기보다 계속 우리 브랜드를 노출시키고 유저들과 만날 수 있는 오프라인의 장이라고 생각해서요. 결국 저희는 콘텐츠 비즈니스를 넘어 커머스 비즈니스와 오프라인 비즈니스까지 가능하다고 생각합니다.

위험을 감수하고라도
성장을 고민하는 것이 스타트업

회사가 빨리 성장한 만큼 고민이 많았을 텐데요. 스타트업들이 이런저런 어려움을 겪는 과정에서 그걸 조직문화로 만들어가기도 하잖아요. 그리드잇만의 조직문화나 대표님이 방향성을 공유하기 위한 장치 같은 게 있나요?

조직문화에 아직은 크게 신경 쓰지 못하지만 니즈는 커요. 그동안은 복지 등에 신경 쓰기보다는 생존을 위해 성장해온 것 같아요.

제가 생각했던 저희 조직은 합리적인 조직이에요. 개인적으로 구성
원들끼리 너무 친해지는 걸 좋아하진 않아요. 사람이 친해지다 보면
막 대하게 되고 그 안에서 오해가 생기는 것 같아요. 적정한 수준의
거리감을 유지하는 걸 좋다고 생각해서 저 역시 친하게 지내진 않아
요. 회사 내에 있을 때야 웃으면서 이야기 잘하지만 외부에서 직원
들과 따로 놀아본 적은 없어요. 회식도 없고요. 일할 때 일하고 노는
건 친구들하고 놀라는 주의이고, 술도 안 좋아하고요. 회식은 1년에
두 번 정도 한 것 같아요. 최대한 업무와 개인생활을 구분시켜주고
싶었어요. 물론 C레벨들은 어렵겠지만요.

**푸드 콘텐츠가 따라 만들기도 쉽고, 차별적으로 보여주기가 어려운데, 그리드잇만
의 특별한 노하우나 전략이 있나요?**

저희가 남들보다 잘할 수 있는 건 시각적인 것도 있지만 결국 인
사이트거든요. 푸드에 대한 인사이트가 남들보다 많아요. 2013년부
터 '오늘 뭐 먹지?'를 하면서 1만 개 이상의 콘텐츠를 제공했는데 그
에 대한 인터랙션이 다 내부에 DB화돼 있어요. 어떤 콘텐츠가 있고
어떤 트렌드가 있는지. 게다가 유저들의 콘텐츠 제보가 많이 오니까
요즘에는 어떤 푸드가 인기 있는지 알고, 그런 것으로 차별화를 만
들 수 있어요.

그렇게 콘텐츠 기획을 하다 보니, 유저들이 무얼 가장 좋아하고
앞으로 어떤 것이 나와야 하는지에 대해 감이 있다고 생각해요. GS

나 CJ오쇼핑이 저희와 일하는 게 단순 마케팅이 아니라 저희가 가진 푸드에 대한 인사이트, 저희가 만들어내는 제품들 때문이에요. 이 제품을 이런 식으로 만들면 좋겠다고 업계에 나오기 1년 전에 이미 알아요. 요즘 나오는 제품들은 작년 여름에 봤던 것들이에요. 그중 저희가 괜찮다고 봤던 것들을 골라서 PB 제품을 만들거나 소싱을 하죠. 저희가 갖는 노하우가 실제 제품, 비즈니스로 연결되는 거죠. 가장 큰 강점이라고 생각합니다.

많은 분들이 저희에게 음식 말고 패션이나 노래 등으로 넘어가면 어떻겠느냐 제안을 했어요. 오늘 뭐 입지, 오늘 뭐 신지. 단칼에 거절하고 음식만 했어요. 비즈니스로 연결할 수 있는 부분, 엣지 있는 부분을 찾기 위해서요. 저희의 코어는 인사이트이고, 푸드 영역에서만 가능하다고 생각합니다. 결국 디지털 노하우는 기획능력과 콘텐츠에서 얻는 인사이트가 가장 크죠. 팀원들의 콘텐츠 제작역량은 대체할 수 없는 거라고 생각합니다. 그 노하우가 계속 전수되어야겠죠.

플랫폼 역시 온라인 공간이라 할 수 있고, 오프라인에서는 페스티벌도 하고, 오먹상점도 하고, 그걸 통해 고객들에게 어떤 경험을 주고 싶으세요?

제가 쿠캣을 만들면서 생각한 아이덴티티와 같아요. 유저가 사이트에 들어와서 우연히 우리 걸 괜찮다고 봤을 때 여러 가지가 마음에 들면 앞으로 서희 걸 다 기대하는 거죠. 72초TV도 〈오구실〉, 〈바나나 액츄얼리〉들이 지속되면서, 여기서 나오면 무조건 봐야 한다고 생각하는 것처럼, 저희가 만드는 페스티벌, 제품, 콘텐츠 모두를 먹어보거나 즐겼을 때 행복한 경험으로 이어진다면 지속적으로 저희에게 기대할 것이거든요. 저희는 그 경험을 만들어주고 싶어요. 온라인에서 만들어진 경험보다 실제 공감각적으로 느끼는 촉각, 시각, 청각, 미각 등 여러 가지가 강하게 인지되는 게 결국 오프라인이라 생각해요. 물론 수 자체는 온라인을 넘어설 수 없지만 오프라인에서 만난 고객들은 저희를 경험했기 때문에 저희 팬이 될 수 있는 거죠.

오먹상점은 애초 독특한 것을 파는 곳, 쉽게 볼 수 없는 것들이라 신기한데 먹어보니 정말 괜찮은 곳으로 브랜드 컨셉을 잡았어요. 지금도 오먹상점에 대해서는 '거기 되게 괜찮더라'는 느낌을 유지하고 있어요. 계속 브랜드로 가져갈지는 모르겠지만 유의미한 성과라고 생각합니다. 현재는 임시 컨셉이고 브랜딩을 새롭게 준비하고 있습니다. 그동안 디자인 역량이 부족해서 고민하다 수소문 끝에 좋은 분을 모셔서 많이 바꾸고 있어요. PB 제품도 다 리뉴얼, 리패키징하고 있습니다. 지금은 디자인 쪽으로 기대를 많이 하고 있어요.

스타트업을 뭐라고 정의할지 궁금합니다.

저도 강연에서 그런 걸 간혹 말하는데요. 네이버 지식사전에 보면 'IT를 기반으로 대규모 자금을 조달하기 전에 하이 리스크high risk, 하이 리턴high return할 수 있는 기업'을 스타트업이라고 하는데, 전 여기서 '하이 리스크, 하이 리턴'이라는 말이 중요하다고 봐요. 위험을 감수하고서라도 성장을 추구한다는 거잖아요. 인재에서 성장 가능성을 보는 것과 마찬가지예요. 기업이 그 상태로 계속 존재한다면, 성장할 수 없다면 지속할 수 없다고 봅니다. 기업은 성장하거나 죽거나 둘 중 하나잖아요. 결국 사람이 중요한데, 성장을 원하는 구성원들보다 회사가 더 빨리 성장해야 그들이 나가지 않고 남아 있을 거잖아요. '내가 여기 있을 때 더 성장할 수 있구나, 다른 곳 안 가고 있으면 성장할 수 있구나' 하고 느끼게 해줘야죠. 스타트업은 결국 성장욕구가 얼마나 큰지가 핵심 포인트라고 봅니다.

저는 저희 회사가 대기업보다 훨씬 맨파워가 좋다고 생각해요. 대기업보다 우리 회사에 있을 때 더 빠르게 성장할 수 있다고 믿기 때문이죠. 그걸 만들어주는 게 제 역할이에요. 동기부여해주고 목표설정해주고 거기까지 하는 연료를 만들어주는 거죠. 시설도 만들어주고. 그런 그림을 그려주는 역할이요. 결국 스타트업은 성장하고자 하는 기업이 아닐까 싶습니다. 중소기업 중에 안 좋은 사례들이 있잖아요. 임금체불하거나 그냥 적당히 하면서 대표가 다 가져가는 회사들도 있고요. 그러려면 성장하고자 하는 사람 말고 말 잘 듣는 직원을 뽑게 되죠. 그 차이인 것 같아요. 사람들의 차이. 결국 회사 전체적으로 성장하고자 하는 사람들이 모인 조직을 스타트업이라고 생각합니다.

그럼 브랜드는 뭐라고 생각하세요?

저도 브랜드 전문가가 아니어서 배우고 싶어요. 개인적으로 제가 체감하고 배운 걸 되짚어보면 '기대감'인 것 같아요. 사람들이 우리 브랜드, 우리 조직, 상품군에 대해 신뢰하고 기대할 수 있게끔 하는 거요. 여기서 나오는 것들, 여기서 만드는 제품들, 이걸 경험했을 때 어떤 즐거움이 있을까 기대하는 거죠. 언더아머 같은 경우 브랜드 자체가 주는 아이덴티티가 있으니 사람들이 사 입고 좋아하죠. 드러내고 싶어 하고. 여기서 만드는 제품을 믿고 살 수 있고, 먹었을 때 행복하고 앞으로도 계속 사먹을 거고, 여기서 나온 콘텐츠가 마음에 들고 더 좋은 게 나올 것 같고. 결국 브랜드는 사람들에게 주는 신뢰성과 기대감이라고 믿습니다. 어떻게 멋있게 말해야 할지 모르겠지만요.

마지막으로 스타트업 선배로서 후배들에게 해주고 싶은 얘기가 있다면요.

저도 아직 고생하고 있는 입장이어서 이렇게 하면 성공한다고 말할 수는 없을 것 같습니다. 개인적으로는 사업을 하게 된 데 굉장히 만족합니다. 개인적으로 예전의 모습을 기억할 수 없을 만큼 많이 변했고요. 사람들이 몇 년 만에 저를 보면 굉장히 놀라요. 자기주도적으로 변했다고 하더라고요. 미래에 대한 두려움보다는 하다 망할 수도 있다고 생각하죠. 여기서 배운 게 저를 충분히 성장시켰다고 생각해요. 앞으로 뭐라도 더 할 수 있을 것 같아요. 그게 스타트업을 하는 사람의 장점이 아닐까 싶어요. 회사도 빠르게 성장하지만 자기 자신도 성장하면서 그러한 자기 모습을 좋아하게 되는 거죠. 그래서 창업을 할까 말까 고민한다면 한 번쯤은 하셨으면 좋겠어요.

동시에 선배 창업가로서 이야기하자면, 하고 싶은 말은 하나예요. 자기가 하고 싶은 게 아니라 남들이 좋아할 만한 걸 해줬으면 좋겠어요. 자아실현이 아니고 사업이잖아요. 대표가 혼자 하는 게 아니라 팀이 하는 거니까 자기가 하고 싶은 걸 해서는 안 된다고 생각해요. 사람들이 '자기가 좋아하는 걸 하려면 예술 해야지' 하는데, 예술도 결국 남들이 좋아하는 거잖아요. 자기가 좋아하는 걸 하는 건 취미거든요. 사람들이 좋아할 만한 것을 하고 그 사회 안에서 상호작용이 일어나고, 그 영향력을 가지고 만들어나가는 것이 사업이고 브랜드라고 생각합니다. 그래서 저는 꼭 남들이 원하는 것을 해라, 타깃을 잘 분석해서 그걸 사업화하라고 이야기하고, 그것이 성공의 첫 단추라고 생각합니다. 저도 그런 가설 아래 실행하고 있습니다.

법칙 # 10

작게 시작하고
디테일을 챙겨라

"브랜딩은 결국
한 끗 차이"

지금까지 스타트업 브랜딩 법칙들을 살펴봤다. 우리나라에 브랜딩 개념이 소개되고 기업 경영에서 그 중요성이 강조된 지 제법 오래되었다. 국내 많은 기업들이 성공적으로 브랜드를 론칭하고 관리한 경험이 쌓여가고 있는 만큼 브랜딩이 과거처럼 생소하게 느껴지지는 않는다.

그럼에도 브랜딩에 대해 여전히 갖는 선입견이 있다. 이를테면 브랜드를 개발하고 실행하는 데 많은 리소스가 필요하고, 반드시 전문가를 거쳐야 한다는 것이다. 또한 자금이나 시간적으로 여유로운 회사만이 할 수 있고, 대개의 스타트업에서는 하기 힘들 것이라는 생각이다. 그래서인지 눈앞의 많은 과제가 브랜드와 관련돼 있고, 변화의 시작이 브랜딩이라고 생각하면서도 리소스가 부족하기에 할 수 있는 게 별로 없다고 하소연하곤 한다.

물론 '고객이 경험하는 모든 것이 브랜딩이다'라는 말이 있을 만큼 브랜딩의 영역은 워낙 광범위하기에, 인상적인 결과물을 얻기 위해 자원을 많이 투여해야 할 때도 분명 있다. 하지만 브랜딩을 '자기다움을 통한 차별화' 과정이라 인식한다면 누구든 어렵지 않게 손 안의 리소스만으로 시작할 수 있다.

린 브랜딩Lean Branding, 브랜딩도 작게 시작하자

스타트업일수록 자신만의 차별화된 특성을 바탕으로 작게 브랜딩을 시작하는 것이 중요하다. 디지털 기술의 발달과 콘텐츠의 역할이 커지면서 적은 비용으로 큰 효과를 거둘 수 있는 데다, 현실적으로 애초에 쓸 수 있는 돈이나 리소스가 크게 부족하다는 점도 감안해야 한다.

더욱이 브랜드를 구축해본 경험이 있는 구성원을 둔 스타트업은 많지 않기에 현실적으로 가능한 것부터 하나둘씩 시작하는 것이 현명하다. 처음부터 너무 많은 것들을 한꺼번에 잘하려다 명확한 브랜드 이미지를 구축하지 못하고 흐지부지되는 경우를 종종 본다. 똑같이 새로운 브랜드를 론칭하는 입장이라도 회사의 인지도나 유통, 판매채널 등에서 강점이 있는 기존 기업과 달리, 스타트업은 시너지를 낼 수 있는 기회가 많지 않기에 확실한 타깃을 정하고 차별화하는 것이 중요하다. 앞서 언급한 소셜미디어 글쓰기라든가, 소수의 팬들을 열광시킬 수 있는 크리에이티브나 임팩트 있는 패키지 디자인을 하는 등 작은 시도가 바람직하다.

프릳츠는 스페셜티 커피 시장에서 확실한 존재감을 드러내고 있다. 론칭한 지 몇 년 되지 않았고 오프라인 매장도 세 곳뿐이지만, 차별화된 브랜딩을 기반으로 빠르게 자리 잡은 편이다. 물개라는 생경한 캐릭터, 의도적으로 한글 맞춤법을 따르지 않은 브랜드 표기, 한국적이면서도 빈티지한 이미지 등 커피는 물론 식음료계에서도 찾아보기 어려운 전략 덕분에 프릳츠는 확실히 눈에 띈다. 그래서인지 많은 이들이 프릳츠 커피의 브랜드 전략을 주목하고 그들의 노하우를 배우고 싶어 한다.

하지만 막상 프릳츠 커피를 이끌고 있는 김병기 대표의 이야기를 들으면 특별히 신경 써서 브랜딩을 했다는 느낌을 받기 어렵다. 브랜드 개발을 위해 타깃 고객이나 별다른 시장조사를 진행한 적도 없다고 했다.

다만 프릳츠 브랜드와 관련한 모든 구성요소를 낯설게 하는 것이 중요하다고 판단해 낯설어 보이는 포인트를 하나씩 넣으려 했다고 한다. 물개라는 캐릭터 역시 '커피집에 웬 물개?'라는 접근이 재미있을 것 같아 우연히 개발했고, '프릳츠'라는 브랜드 이름 역시 별다른 의미는 없지만 다른 브랜드가 연상되지 않으면서 고유명사로 불려지기를 바라는 마음에서 지었다고 한다. 표준어 한글에서는 더 이상 쓰이지 않는 디귿 받침을 사용해 고어처럼 표기하는 등, 평소 염두에 두었던 '한국적 빈티지'로 브랜드 방향성을 정한 후에는 브랜드와 관련한 모든 것들을 가급적 작게, 가능한 범위에서 시작했다고 한다. 커피의 품질과 맛있는 커피를 제공하는 것이 커피업계의 가장 중요한 브랜딩 요소라 생각해 먼저 챙겼음은 물론이다. 다만 '맛있다'고 느끼는 포인트가 맛 자체에만 국한된 것이 아니라 매장 분위기나 패키지, 음악, 바리스타 등의 요소들과 밀접하게 연관돼 있음을 알고 세세하게 신경 쓴 것이다.

이처럼 세부항목에서부터 작게 시작하는 것은 스타트업이 많이 시도하고 있는 린Lean 개념과 일맥상통한다. 고객들에게 제공할 수 있는 가장 근본적인 핵심가치를 중심으로, 꼭 필요한 것만 우선적으로 진행하자는 '린 브랜딩Lean Branding' 역시 같은 맥락이라 이해할 수 있다.

해외에서 소개된 '린 브랜딩'이란 개념은 기존의 전통적인 브랜딩 방법보다 훨씬 가볍고 간단한 것부터 시작하는 데 중점을 둔다. 린 브랜딩의 MVBMinimum Viable Brand, 최소 요건 브랜드는 에릭 리스의 《린 스타트업》에서 소개된 MVP를 차용한 개념이다. 일관성과 지속성을 담보로 하는 브랜딩의 특성에 맞게 MVP의 가설 테스트 등의 요소를 변형해야겠지만, 스타트업이 자신의 브랜드에 반드시 필요한 요소들만을 중심으로 최소 수준에서 시작하는 것과 크게 다르지 않다.

브랜딩은 결국 디테일이다

작게 시작하는 것과 함께 창업가의 브랜딩에서 중요한 것이 바로 디테일 챙기기다. 요즘 길을 걷다 보면 매력적으로 공간을 꾸민 매장을 많이 보게 된다. 유명 기업에서 운영하는 브랜드도 아니고, 개인이 운영하는 소규모 매장들도 디테일한 부분까지 신경 쓴 것을 보며 놀라지 않을 수 없다. 비즈니스 모델이나 기술 등의 격차가 점점 줄어드는 상황에서 디테일은 거의 모든 분야에서 현대 기업의 경쟁력을 좌우하는 핵심이 되었으며, 브랜딩 영역에서는 그 중요도가 특히 크다.

우리나라에서 브랜딩을 가장 잘하는 회사로 현대카드를 꼽는 데 이의를 제기할 사람은 많지 않다. 기존 시장을 뒤흔든 카드 네이밍이나 플레이트 디자인은 물론 파격적인 광고와 이벤트, 다양한 주제의 라이브러리와 디지털 혁신 등을 통해 브랜딩에 한 획을 그었다고 평가할 수 있다. 그러나 개인적으로 현대카드를 우리나라 최고의 브랜딩 회사로 꼽게 된 계기는 카드 디자인이나 이벤트 때문이 아니었다.

압구정동에 위치한 현대카드의 '하우스 오브 더 퍼플House of the

Purple'에 갔을 때 겪은 일이다. 프리미엄 카드인 퍼플 회원들을 대상으로 한 이 공간에는 엄격한 내부 가이드가 있다. 일례로 슬리퍼를 신거나 맨발로는 출입이 불가능하다. 그런데 어느 여름날 아무 생각 없이 맨발에 슬리퍼를 신고 방문한 적이 있었다. 만일 다른 회사였다면 정중하게 양해를 구하고 출입을 제한했을 것이다. 하지만 현대카드는 예비용으로 준비해둔 양말과 로퍼를 제공하며 복장을 제대로 챙기지 못한 고객을 배려하고 있었다. 명확한 규정이 있음에도 혹시 모르고 방문하는 손님들이 당황하거나 불쾌해하지 않도록 한발 앞서 준비해둔 것이었다. 예상을 뛰어넘은 디테일을 보면서 나도 모르게 '오호, 현대카드 역시 대단한데'라고 느꼈던 기억이 생생하다.

사람들은 자신이 즐겨 찾는 레스토랑이나 브랜드의 세심한 배려와 정성에 감동하게 마련이다. 분명 누군가에게는 중요하지 않고 불필요한 것처럼 보이는 사소한 일에 감동하여 추가로 지갑을 열거나, 다음번에도 방문한 경험이 한 번쯤 있을 것이다. 특정 공간에서의 경험이 아니어도 디테일로 어필한 사례는 얼마든지 있다. 자는 아이를 깨우지 않기 위해 초인종을 누르는 대신 문을 두드리는 쿠팡맨의 센스 있는 배려, 가장 신선한 제품을 가장 빨리 배송하기 위한 마켓컬리의 샛별배송은 디테일에 대한 관심과 투자가 얼마나 탁월한 성과로 연결되는지를 입증하는 케이스다.

아울러 디테일의 중요성은 제품이나 서비스에 대한 외부 커뮤니케이션에만 한정되지 않는다. 브랜드 관리라는 면에서 보면, 외부 커뮤니케이션보다 우선시되어야 하는 내부 구성원들과의 커뮤니케이션 혹은 브랜드 내재화 측면에서도 디테일은 무시할 수 없는 요소다.

브랜드가 넘쳐나는 세상이다. 우리가 모르는 사이에 하루에도 수십 개의 브랜드가 만들어지고 사라지고 있다. 제품이나 서비스 브랜드뿐 아니라 B2B 기업이나 비영리단체, 심지어 학교나 사람 등 브랜드 개념이 적용되지 않는 분야가 없을 정도다.

그래서인지 몰라도 전략적으로 작은 규모로 시작하는 브랜드가 점점 늘어나고 있다. 과거처럼 전국, 전 매장 등 규모 위주로 브랜드를 론칭하기보다 가로수길이나 연남동처럼 작은 지역이나 타깃을 대상으로 하는 것이 더 효과적인 브랜딩이라 말하는 사람들도 있다. 그러나 대규모로 노출할 것인지 작게 시작할 것인지는 브랜드의 상황이나 목적에 따라 결정할 일이다. 오히려 중요한 것은 브랜드의 매력을 높이고 이를 구매까지 연결시키는 것이지 규모는 상관없다.

자기다움을 찾는 브랜딩에 정답이란 존재하지 않는다. 그렇기에 리소스가 부족한 스타트업의 브랜드는 주머니 속의 송곳이 되어야 한다. 규모가 크거나 화려하지 않아도 그 자체의 색깔이나 차별성이 명확해야 하며, 수백 명의 고객보다 수십 명의 팬을 만들 수 있도록 '선택과 집중'이 중요하다. 결국 브랜딩은 한 끗 차이다. 그 한 끗의 힘을 간과하지 말자.

핵심에만,
집요하게

로우로우 | 이의현 대표

로우로우는 가방, 안경, 신발 등 생활잡화를 만드는 스타트업이다.
제품군이 다양하게 세분화돼 있지 않고, 유명 연예인에게 협찬하지
도 않는다. 그럼에도 암암리에(?) 소문이 나더니 남부럽지 않은 열성
팬을 확보하기에 이르렀다. 이의현 대표는 로우로우가 '본질'에 충실
한 완성도를 추구한다고 말한다. 그것이 로우로우의 아이덴티티이자
사업전략, 브랜드 전략이다.

먼저 '로우로우'라는 브랜드 소개 부탁드립니다.

로우로우는 일상에 꼭 필요한 제품, 생활잡화를 만드는 브랜드입
니다. 여기서 '꼭'이 중요합니다. 없어도 살 수 있겠지만 신발 안 신으

면 발 아프고, 가방 없으면 짐을 못 나르고, 안경 없으면 눈이 안 보이는, 생명에 지장은 없지만 필요한 것들을 찾고 있습니다.

저희가 생각하는 '로우'는 근래에도 업데이트하고 있는데 직역하면 생生 열烈, 번역하면 '본질의 반복'이라고 생각합니다. 그런데 그 본질이라는 게 다양하잖아요. 가령 지샥G-Shock도 롤렉스도 시계의 본질일 수 있지만 둘의 스타일이나 지향점은 또 다르니까요. 본질이란 말도 사람이 느끼는 것에 따라 달라지더라고요. 계속 그걸 조각내보고 있고, 더 깊이 들어가고 있습니다.

지금의 로우로우는 한마디로 '날 생生' 정도로 표현할 수 있다고 생각해요. 물론 단어 하나로 브랜드 이미지를 표현할 수는 없겠지만 중영사전, 영한사전 등에서 찾아보니 '생生'이 나오고 생존, 생방송, 생생 등등 그런 단어들이 있더라고요. 다른 분들이 저희가 하는 일들을 '살아 있네' 정도의 느낌으로 바라봐주면 좋겠습니다. 제품도 생기 있고 살아 있는 느낌이면 좋겠고요. 저희는 그걸 지향하고 저희 이미지든 제품이든 퍼포먼스든 거기서 '생'을 느낄 수 있는지 늘 생각합니다. 결국 죽어 있는 걸 살리는, 생기 있는 걸 하고 싶어 하는 브랜드입니다.

로우로우라는 브랜드의 정체성이 생이라고 하셨는데, 같은 단어지만 본질적으로 어떻게 접근해야 할지 항상 고민하고 계신 건가요.

네, 그렇죠. 애플이라는 이름에 대해서도 해석이 분분하잖아요.

(사진 : 로우로우 제공)

제가 브랜드 전문가는 아니지만 멋진 브랜드들이 어떻게 이름을 지었는지를 찾아보면 아무래도 지은 후에 의미부여한 것들이 더 많아보여요. 운 좋게 프라이탁 등 멋진 분들을 만날 기회가 있어서 시작부터 그런 고민을 했냐고 물어보면, 본인 스타일이나 취향대로 하다보니 다행스럽게 하나의 단어로 묶인(드러난) 경우가 많더라고요. 물론 막연한 바람이나 비전은 당연히 있겠지만 요즘 같은 세상은 5년, 10년 후 어떻게 바뀔지 모르잖아요.

개인적으로 브랜드를 사람에 비유해보는데요. 가령 어머니가 제게 변호사가 되어라, 의사가 되어라, 커서 어떤 사람이 되어라 하셔도, 결국 제가 어떤 사람이 되고 싶은지는 저에게 달려 있잖아요. 친구의 영향일 수도 있고 영화 한 편 보고 우주비행사가 되거나 과학자가 되고 싶을 수도 있잖아요. 브랜드도 마찬가지인 것 같아요. 저희가 브랜드 아이덴티티와 컨셉이 뭐라고 이야기할 수는 있겠지만 정작 저희 브랜드를 쓰는 소비자들은 그것과는 다르게 느낄 수 있죠. 시장에 나가면 그 느낌이 새롭게 바뀔 거라고 봐요. 그게 오히려 더 자연스러운 거고요.

애플처럼 좋은 브랜드의 가이드라인도 보거든요. 샤넬 같은 경우는 인사 각도도 정해져 있더라고요. 좋은 브랜드들은 이렇게 하는구나 싶으면서도 좋은 브랜드에 대한 정의나 정답은 없다고 생각해요. 그 자체가 살아 있는 것 아닌가 싶어요. 물론 더 살아 있다는 느낌을 주려면 고도의 전략을 써서 우리는 무슨 브랜드라고 이야기할 수는 있겠지만요. 예전에 '브랜드는 내가 이야기하는 무엇이 아니라 그들이 이야기하는 무엇이다'라고 배운 적이 있는데 그게 맞다고 봐요.

대학교 때 전공이 경영학이란 점에 놀랐습니다. 최근에는 머릿속에 그리는 것을 구현하기 위해 그림을 배우셨다고 들었는데, 대표님에 대한 소개를 좀 더 부탁드립니다.

부모님이 평생 개척교회를 하셔서 경제적으로 넉넉하진 않은 편이었어요. 그래서인지 막연하게 어렸을 적부터 창업을 하고 싶었어요. 고등학교 다닐 때 나이키 에이포스, 폴로 등이 그 시절 최고 브랜드였는데 그걸 수입할 기회가 생겼어요. 수입해서 다음 카페 같은 데서

팔면 2만 원 정도 남아요. 인터넷 직구 같은 걸 해서 2만 원 벌면 종일 10시간 일해서 1만 8000원 버는 것보다 낫잖아요. 제가 고등학교 다닐 때 맥도날드 알바가 시간당 1800원이었거든요. 지금 생각해보면 그게 장사였던 것 같아요. 회원수가 꽤 많은 인터넷 카페에서 팔았는데 누군가 카페에서 상업행위를 한다고 신고해서 그만뒀고 (인터넷 상거래가 없던 시절이었으니 불법은 아니었지만) 그게 시작이었죠. 리바이스나 나이키를 워낙 좋아하다 보니 패션업에 들어와서 일을 시작했고요. 상품기획자로 일했고 패션에서는 이를 MD라 하는데 한편으로는 상인이죠.

보통 크리에이티브 디렉터, 창업자, CEO 등으로 저를 소개하시는데, 저는 늘 제 자신을 '가방장수'라고 소개해요. 제 본성이 그런 것 아닐까 해서요. 장사꾼이나 장수냐에 따라 살짝 뉘앙스가 다르긴 하지만, 결국 사람들이 원하는 물건을 구해다가 혹은 직접 만들어서 시장에 내놓고 파는 일이죠. 그렇게 시작했습니다. 회사 다니면서 전략, 사업계획, 기획 등을 배웠는데 분석보다는 전략에 더 강했던 것 같고 저 스스로 그렇게 성장하고 싶었어요. 브랜드, 마케팅에 대해 공부를 좀 많이 했고, 패션회사를 그냥 다니다 창업을 했습니다.

'무엇 때문에 필요한가', 이 질문은 힘이 있다

'소비자에게 진짜 필요한 것을 만든다'라고 진정성을 표방하는 브랜드는 많잖아요. 시장에서 로우로우가 다른 경쟁사나 브랜드와 어떤 점이 가장 다르다고 생각하세요? 기능적인 것이든, 감성적인 것이든 어떤 차별점이 있을까요.

저희 제품이 월등히 뛰어나다고 보지는 않아요. 취향의 영역이라서 멋지다고 할 수도 없고요. 저는 기획을 '맥을 짚는 일'이라고 표현하는데요. 머리 아픈데 배가 아픈 것 같다고 소화제를 주면 안 되겠죠. 좋은 기획은 맥을 잘 짚어야죠. 그걸 저희가 비교적 잘한 것 같아요.

저희 회사 방향 중 하나가 '내가 안 하는 것은 남도 시키지 말자'거든요. 가령 누가 잡지광고 하자고 하면 '너는 잡지광고 보니?' 하고 물어봐요. 예를 들면 밸런타인데이 프로모션할 때도 마케팅 팀을 시키지 않고 연애 제일 많이 해본 사람, 고백 많이 해본 사람을 시켜요. 그런 건 이벤트 많이 해봐서 고민해보고 준비해보고 상대를 감동시키고 울려본 친구가 해야 잘하거든요. '커플 구매 시 10% 할인' 같은 건 연애경험 없는 친구가 내는 아이디어예요. 마케터라 한들 본인이 경험하지 않았는데 뭘 해보겠어요. 프리마켓을 한다면 가장 많이 가본 사람이 누구냐고 물어보죠. 그런 친구들에게 '너는 왜 가니?' 하고 물어보면 '살 건 없는데 구경하러 간다'고 답해요. 그럼

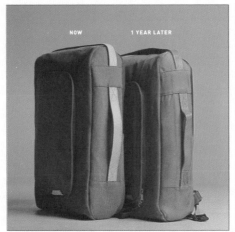
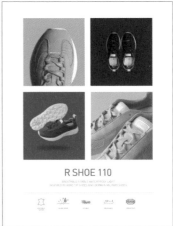

로우로우가 제작한 알백R Bag과 알슈R Shoe (사진 : 로우로우 제공)

저희는 '살 건 없지만 사게 만들어볼까'보다 '그냥 구경할 거 많게 하자'로 접근하는 편이에요.

> 제품기획과도 유사한 맥락이네요. 핵심에만 집중하는 느낌이요.

소위 경쟁 브랜드나 대기업들은 아이템 구성할 때 보스턴백까지 다 포함시켜요. 저는 반대로 '너희 집에는 이 아이템이 다 있니?'라고 물어봐요. '백팩 하나로 여행 갈 때 학교 갈 때 다 써요'라는 친구도 있고 그런 아이템들을 다 갖고 있는 친구도 있어요. 이렇게 저희도 질문하면서 답을 찾는 편이에요. 그러한 과정 자체가 '로우raw'라고 생각합니다.

본질의 발견도, 날 생(生)도 이야기하셨는데요. 언어적으로 그렇다면, 로우로우 하면 떠오르는 비주얼 이미지는 어떤가요? 디자인일 수도 있고, 컬러일 수도 있고요.

현재는 하얀 백지에 노란색 바 하나가 떠올라요. 이건 마이너스나 밸런스를 의미하거든요. 로고라 하기는 힘든데, 수십 년 후에는 노란색 한 줄을 보면 저희를 연상해주시지 않을까 합니다. 로고인 듯 아닌 듯 바를 쓰고 있죠. 이걸 신scene으로 만들어보고 싶은데 아직 못하고 있어요.

가방도 그렇고 신발도 그렇고 안경도 그렇고, 제품이 론칭될 때마다 다른 브랜드보다 바이럴이 활발하잖아요. 제품을 특별히 매력적으로 보이게 하는 노하우가 있나요?

하나라도 제대로 만들자는 생각이요. 무슨 자신감인지 모르겠는데 처음 가방 출시할 때 제품은 딱 하나였어요. 컬러는 몇 개 있었지만요. 남들이 들으면 너무 당연해서 다 아는 얘기 같겠지만, 의외로 사업하다 보면 당연한 걸 많이 놓치더라고요. 시장에서 튀어야 한다, 달라 보여야 한다, 차별화가 중요하다, 그렇게 생각할수록 당연한 것에 더 집중했어요. 주변 패션 영역에서는 쇼도 하고 유명 셀러브리티도 부르고 인플루언서도 불렀는데, 저희는 제품개발, 백팩에만 모든 역량을 다 쏟아부었어요. 홈페이지도 룩북도 브로셔도 없는 상태에서 가방만 만든 게 사업의 시작이었어요. 그 백 하나를 가로수길 편집숍에 입점시킨 첫 달에 150개 브랜드를 다 제치고 1등을 했어요. 인지도도 없고 아무것도 없었는데요.

매장 직원분들에게 정말 고맙게 생각해요. 저희가 매장에 방문해서 제품에 대해 알려드린 내용을 손님에게 고스란히 잘 설명해줬거든요. 저는 '연비'라는 말로 표현하는데 밀어도 반응이 없는 제품이 있는가 하면, 밀면 잘나가는 제품이 있어요. 그런데 저희 첫 제품이 반응이 왔어요. 밀면 미는 대로 나가니까 3층에 있다가 2층으로, 2층에서 1층까지 내려왔고, 6개월 정도 지나서는 가로수길 편집숍에 저희 제품이 모두 깔렸죠. 그때 돈을 가장 많이 벌었던 것 같아요. 직원도 없었고 아르바이트 하나 두고 동생이랑 둘이 했으니까요. 제품을 갖다놓는 대로 팔려서 그걸 기반으로 홍대 사무실을 얻었죠. 그때 사무실이 저희랑 참 어울리는 'raw'한 분위기였죠.

안경도 두 종류 출시했고, 신발도 두 종류 출시했어요. 어떤 브랜드가 신발 두 개 출시하면서 론칭이란 표현을 쓰겠어요. 저희가 기쁜 건 신발도 1만 족 이상 팔았거든요. 안경도 그렇고요. 국내 브랜드 단일 아이템, 게다가 10만 원 이상으로 1만 족을 파는 건 정말 어려워요. 점포도 몇 곳 없는데요. 2년 터울로 새로운 아이템을 출시했는데 다행히 잘되고 있습니다.

가방을 출시하고 나서 다음 아이템을 정할 때 고민이 많았을 것 같아요.

사실 신발은 개인적으로 어릴 적부터 너무 좋아했어요. 나이키 좋아하고 에어조던 좋아해서 어릴 적 유일한 낙이 신발 사는 거였고 용돈 모아서 신발 하나 사고, 다 모아놓고 사진 찍고. 왜 그랬는지는 모르겠는데 스무 살 때쯤 신발을 너무 만들고 싶어서 신발협회 세미나 들으러 부산에 간 적도 있어요. 신발은 공학, 화학 개념이 다 들어가서 만드는 데 돈이 많이 들어요. 가방 팔아서 번 돈을 다 투자해서 신발 개발하는 데 1년 8개월 걸렸어요.

당시는 머릿속에 컨셉과 기능만 넣고 있었을 텐데 그 아이디어들을 어떻게 구체화, 시각화했는지 궁금합니다.

처음 만들어진 물건에는 굉장한 힘이 있다고 믿거든요. 지게, 보따리 같은 건 시장경쟁이나 차별화, 아이덴티티가 아니라 그냥 없으면 불편하니까 필요한 물건이잖아요. 가령 패션에서도 피코트는 해군들이 갑판으로 올라올 때 온도차를 극복하려고 만들어진 것이고 더플코트 역시 한손으로 단추를 끌러야 해서 만들어진 제품이에요. 논리의 영역이죠. 분명 예술이나 뷰티나 트렌드의 영역이기보다는 논리의 영역에서 시작된 제품들인데 계속 만들다보니까 '차별화를 위한 차별화'가 되어버린 거죠. 어느 순간 이미 필요 없는데 만들어내는 제품이 너무 많다는 생각을 했어요. 종종 하는 얘기인데 마트 가서 흰 우유를 세어보니 26개가 있더라고요. 물론 그 나름대로의 이유가 있겠지만 이렇게까지 만들어야 하나 생각해봐요. 맨 처음 우유를 짜 먹었을 때는 뭐가 가장 중요했을까 생각해보니 거기에 큰 힘이 있더라고요.

그래서 가방도 도구로서의 가방으로 접근했고 신발도 왜 신지를 생각했어요. 발이 아파서, 돌이나 가시를 피하기 위해서, 시간이 지나면 땀이 차거나 냄새를 막거나 발을 보호하기 위해 신발을 신었겠죠. 짚신도 그런 거잖아요. 그런 것에 큰 힘이 있다고 생각했어요. 신발이 '무엇' 때문에 필요한가를 고민한 거죠.

저희는 카피에도 신경을 많이 쓰는데 '이 신발은 기록이 향상되지 않습니다. 이 신발은 시대의 아이콘도 아니에요'라는 접근법이 공감을 많이 얻었어요. 나이키의 언어는 승리, 아디다스의 언어는 아티스트나 뮤지션에 어필하는데요. 저희는 그런 브랜드들을 결코 이길 수 없잖아요. 그래서 '서서 일하는 사람들'을 위한 신발로 컨셉을 잡은 거죠. 처음 모델은 매장 스태프였어요. 매장에서 10시간 동안 서서 커피를 내리거나 제품을 팔아야 하는 사람들이요. 이를테면 매장에서 신발을 파는 분들, 신발을 신겨주고, 신발을 찾아주는 분들을 위한 신발, 그만큼 좋은 신발을 필요로 하는 분들이 없다고 생각했어요.

다행히 그분들이 극찬해줬고, 그 상황에서도 신기 편하다면 출근할 때나 전철을 기다릴 때 신어도 충분하겠구나 하고 다른 분들도 공감해준 것 같아요.

지금이야 로우로우가 잘 알려져 있지만 처음 가방하고 신발만 론칭했을 때는 로우로우 제품이라고 일관성을 드러내기가 쉽지 않잖아요. 폰트나 컬러 등의 어떤 장치를 둔 게 있나요?

그렇게까지 전략적으로 하지는 못했고, 제품의 컬러나 소재 선택에 일관되게 신경을 썼죠. 저희 가방 가죽이 시간이 흐를수록 브라운으로 태닝되거든요. 제품명도 알백, 알슈처럼 아이템 이름을 2음절로 정했어요. 여기서 R은 오리지널, 로우로우, 레지스트리를 뜻하기도 하고 여러 가지인데 해석에 맡기는 거죠. 안경은 알아이R eye라고 정했고요.

이제껏 브랜드에 대한 이야기를 많이 해주셨는데 스타트업일수록 개개인의 브랜드나, 내부 브랜딩, 조직문화가 중요하잖아요. 대표님이 보는 로우로우만의 조직문화는 어떤가요?

로우로우에는 젊은 친구들이 모여 있고, 좋은 대우를 받던 대기업 출신들도 와서 잘하고 있어요. 채용 공고를 보고 온 친구보다 공고가 없는데 그냥 지원해서 온 친구들이 많고요. 저도 T/O가 있어서 채용하기보다는 사람이 좋으면 일을 벌여야지 하는 생각으로 뽑기도 해요.

아무래도 대기업 문화의 답답함이나 불합리함에 불만을 느껴서 온 사람들도 있기 때문에 선진국형 기업문화가 과연 뭔지 자주 이야기해요. 저는 최고의 복지보다는 '자율'이 가장 좋은 기업문화라 생각하거든요. 저희 기업문화의 핵심은 자율이에요. 그렇다 보니 저뿐 아니라 동료들끼리 평가를 하게 해요. 예를 들면 인센티브를 네가 한 번 배분해보라는 식이죠. 그럴 때면 사람마다 기준이 다르죠. 자율적인 문화를 위해 서로가 서로를 평가합니다.

저는 회사 다닐 때도 문서작업이나 회의를 정말 싫어했고, 지금 제가 결재할 일도 없어요. 대기업에 비해 저희의 장점이 순발력이라고 믿어요. 제가 좋아하는 말 중에 '작은 것이 큰 것을 이기는 게 아니라 빠른 것이 큰 것을 이긴다'는 말이 있거든요. 그래서 일부러 사내 벤처를 두는 곳들도 있잖아요. 더 빠르려면 불필요한 보고체계를 둘 필요가 없을 것 같아서 월차 시스템 차감 말고는 결재할 일이 없습니다. 총 직원은 본사 15명, 매장까지 40명입니다.

채용할 때 대표님이 선호하는 인재상이 있나요?

가장 먼저 저희 브랜드에 대한 이해도가 높고, 결이나 상이 맞는 사람이랄까요. 패션 했던 친구들 중에는 패션업계의 빠름이나 소비, 피로함이 싫어서 온 사람들이 많아요. 다음으로는 측정하긴 어렵지만 개인의 자존감을 많이 보려고 노력해요. 자존감이 높은 친구는 쓰레기를 치워도 '난 쓰레기도 치워'라고 하고, 자존감이 낮은 친구는 '내가 쓰레기나 치워야 하나'라고 해요. 전 일에 대한 태도가 자존감에서 나온다고 보거든요. 자신을 사랑하고 귀하게 여길 줄 아는 사람은 자기 삶에 대한 정성이 있는 거 같아요.

로우로우 제품이 좋아서 온 직원들도 많고, 로우로우를 쓰는 소비자들의 인터랙션도 활발한 편이잖아요. 배달의민족의 배짱이처럼 로우로우를 좋아하는 팬클럽을 만들어볼 생각은 없으신가요?

해볼까 하는 내부 의견도 나왔었는데, 하진 않았어요.

고객들이 놀 수 있는 판만 만들어주면 그들이 와서 노는 거잖아요. 브랜드에 도움도 되고요.

네, 그렇죠. 사실 요즘 큰 고민 중 하나는 저희에 대한 소문이 너무 좋게 난 거거든요. 배달의민족이나 29CM, 72초TV처럼 브랜딩이나 마케팅을 잘하는 회사처럼 봐주셔서 고맙죠. 제 개인적 자부심이라면 외부 투자나 대출이 없다는 것 정도예요. 저희는 아직까지 단순하게 벌어서 투자하는, 그런 방식을 고수하고 있어요. 물론 투자받는 것도 이해는 가요. 특히 거대한 비즈니스 시장에서 자본의 힘을 무시할 수는 없죠.

다만 저희가 존경하는 나이키나 애플을 보면 그들의 처음 5년도 그렇게 화려하지 않았을 것 같은데, 오히려 저는 그런 게 더 좋아요. 초창기 어려움을 겪었던 브랜드들의 이야기가 더 좋고, 고객들의 응원을 받으면서 함께 크는 브랜드가 되고 싶고, 다섯 살짜리 브랜드는 다섯 살에 맞게끔 크는 게 좋다고 보거든요. 브랜드를 사람에 비유하잖아요. 스무 살 때는 스무 살에 어울리는 일을 하는 게 더 기억에 남는 것처럼, 다섯 살짜리 브랜드에 맞는 일을 하려고 합니다.

대표님이 생각하는 스타트업은 뭘까요?

취향이랑 일맥상통하는 이야기일 것 같아요. 이제는 취향이 너무 다양해져서 MBTI 같은 성격 테스트처럼 나눌 수도 없죠. 스타트업이 할 일이라면 다양한 취향과 기호를 채울 수 있는 작은 만족을 만드는 것 아닐까요. 다양한 취향을 소개하는 일이라는 전제 하에 더 쪼개서 생각해본다면, 더 가치 있는 삶을 위한 제품을 만들어야겠죠. 예를 들면 저는 YKK가 정말 훌륭한 브랜드라고 생각해요. 지퍼 하나를 만드는 브랜드가 패션 메이커보다 훨씬 더 가치 있는 사업이라고 보고, YKK 같은 브랜드에서 답을 찾아보려 합니다.

작게 시작해서 꾸준히 자기만의 영역을 키워나가는 일이라고 들리는데요.

네, 맞아요. 한국에 그런 브랜드들이 없잖아요. 저는 늘 제주 한라봉이 썬키스트보다 잘 안 되는 이유가 뭘까 생각해요. 맛도 딸리지 않는데 왜일까. 가령 통영 꿀빵이나 천안 호두과자는 왜 도쿄 바나나가 되지 못할까.

요즘 '하고 싶은 일을 하라'는 이야기를 많이 하는데요. 제가 그래서 하고 싶은 일을 하라고 하면 다들 하고 싶은 게 뭔지 모르겠다고 해요. 저는 사실 '하고 싶은 일을 하라'가 아니라 '해야 할 일을 하라'고 말하고 싶어요. 예를 들면 일본을 가도 중국을 가도 미국을 가도 어딜 가도 카레 집이나 이자카야는 다 분위기가 비슷해요. 셰프나 메뉴판이나 매장의 인테리어가 다 비슷해요. 그런데 한식당의 아이덴티티를 느껴본 적은 없어요. 결코 비난하는 게 아니라 우리가 해야 할 일이 거기 있다는 거예요. 〈어서 와, 한국은 처음이지?〉라는 프로그램을 요즘 재미있게 보는데, 출연하는 외국인들이 한국 식당에서 반찬 리필해주는 걸 보면서 놀라잖아요. 커피도 아이스크림도 후식으로 공짜로 주죠. 그런 한국의 장점을 살리는 일을 해보고 싶어요. 또 사계절이 있는 나라도 의외로 많지 않잖아요. 사계절이 주는 다채로운 경험을 살리는 그런 브랜드를 만들어보고 싶어요. 해야 할 일이라는 건 그런 거죠.

자신이 가진 것 안에서
찾아야 한다

제주한라봉과 썬키스트 이야기를 하셨는데, 브랜드 관점으로도 해석할 수 있거든요. 대표님이 정의하는 브랜드란 무엇인가요?

브랜드는 '자신이 가진 것'에서 찾아야 한다고 생각합니다. 분명 한국 회사에서 한국 사람을 대상으로 한국 디자이너들이 만드는 브랜드인데 해외 라이선스가 있는 제품을 보면, 이해가 가면서도 좀 서글플 때가 있어요.

일본이 저에게는 좋은, 큰 자극이 돼요. 이세이 미야케를 보면, 유럽이나 미국에 없는 자기만의 생활양식을 갖고 가서 그대로 보여주잖아요. 저는 그걸 '대체 불가능한'이라고 표현하는데 이세이 미야케는 자기만의 경험, 특히 소재를 통해서 그대로 보여줘요. 그렇게 우리가 가진 걸 한 번 늘어놓는 훈련을 해보고 싶어요. 우리가 가진 건 너무 많은데 그냥 갖고만 있으니까 모르는 거예요.

브랜드의 어원이 과거에 자기가 키우던 소를 식별하기 위해서 찍는 인장이었던 걸 생각해보면, 우리 집에 있던 것, 내가 경험한 것, 우리 집 문화에서 그 답을 찾을 수 있지 않을까요. 우리나라에서는 첫 월급을 타면 빨간 내복을 샀는데 북유럽은 첫 월급 타면 자기가 평생 쓸 의자를 산다고 하더라고요. 늙어서 죽을 때까지 나와 함께 할 의자를 사는 거예요. 수백만 원짜리지만 사는 거죠. 그걸 보면 그 사람들이 무엇을 지향하는지가 느껴지죠. 그런 문화가 기반이 되어서 세계적인 브랜드 이케아IKEA, 이딸라Iittala가 나온 것 아닐까요.

우리 문화에도 좋은 게 많은데요. 그걸 발견해내는 것이 스타트업, 브랜드의 기능이었으면 좋겠습니다. 어찌 보면 큰 회사들은 하기 힘든 일이라고 생각합니다. 결국 브랜드 자산, 브랜드 관리라는 건 오너가 해야 하는 일이니까요.

마지막으로 이제 시작하는 창업자들에게 당부나, 해주고 싶은 말이 있다면요.

가장 먼저 '내가 안 하는 일을 남 시키지 말자'는 거요. 의외로 그런 경우가 많아요. 또 좋아하는 것과 실제 하는 건 다르다는 이야기를 해주고 싶어요. 제 아내도 책을 정말 좋아하는데 읽는 건 좋지만 쓰는 건 싫다고 하거든요. 가령 신발을 사는 건 좋아도 신발을 만드는 일은 또 다르게 힘들어요. 대신 경험이 많으니까 해볼 수는 있겠죠. 그러나 둘을 구분할 수 있어야 한다는 거죠. 자꾸 자문해봐야죠. 자신이 만들고 싶은 브랜드가 있다면, 내가 그 브랜드를 실제 쓸 수 있는지 물어봐야 해요. 에이숍Aesop 같은 브랜드를 만들고 싶다면, '지금 내가 그 돈을 내고 그런 브랜드, 제품을 살 것인가?' 자문해보는 거죠. 나도 쓰고 있지 않은데 만들어 판다는 건 말이 안 되잖아요. 갖고 싶은 브랜드와 실제 쓰는 브랜드는 다르니까요. 그런 조언을 해주고 싶습니다.

이제 나만의 브랜드를 시작하자

새로운 세상이다. 기존의 패러다임이 희미해지고 하루가 다르게 새로운 생각과 법칙이 등장한다. 막연한 두려움과 복잡한 고민 없이도, 그리고 사업이라는 거창한 표현을 쓰지 않더라도 '나만의 무엇'을 시작하기 쉽고 편리한 세상이 되었다. 당장 컴퓨터 또는 스마트폰을 켜서 블로그나 브런치에 글을 쓰기 시작하거나 유튜브 채널을 열어 (그것이 무엇이든 간에) '나만의 무엇'을 보여줄 수 있다.

지금까지 창업가를 위한 10가지 브랜딩 법칙을 통해 브랜드나 사업을 시작하고 키워가는 과정을 살펴봤다. 또한 이 시대에 주목받고 있는 우리나라의 대표적인 창업가 10명의 치열하고 생생한 목소리도 들었다. 누군가에게는 새롭고 특별할 수 있지만, 누군가에게는 알고 있거나 이미 실행하고 있는 내용일 수도 있다. 창업가들이 입을 모아 말했듯이, 브랜딩은 아주 특별한 것은 아니며 누구나 어렵지 않게 할 수 있다.

중요한 것은 이 모든 법칙들의 근간이자 창업가들도 여러 번 언급한 것처럼, 사업전략이 결국 브랜드 전략이라는 사실이다. 대부분의 창업가들은 사업 초기에는 브랜딩에 특별히 신경 쓰지 않는다. 중요하게 여기지 않거나 무관심했다기보다는, 오히려 사업의 모든 과정의 가장 기본이라고 할 수 있는 제품이나 서비스, 고객과 가치에 집중했고 이것이 자연스럽게 지금의 성공적인 브랜딩 활동으로 연결되었다고 보는 편이 타당할 것이다. 본질에 집중하면서 끊임없이 이어지는 'Why'에 대한 해답을 찾아가는 과정이 사업이나 브랜딩에 가장 중요한 것이다. 이런 관점에서 볼 때 브랜딩은 결코 아무나 할 수 있는 것은 아니다.

이제 나만의 브랜드를 시작해야 할 시간. 책을 펴고 법칙을 읽을 때만 공감한다면 무슨 소용이 있겠는가. 창업가가 겪는 대부분의 과정이 그렇겠지만 브랜딩만큼 실행이 중요한 것도 많지 않다. 브랜드는 사람과 마찬가지로 태어나고 양육되고 성장하고 좌절하고 성공하는 (또는 사라지는) 과정을 거치며, 결코 어딘가에 가만히 멈춰 있지 않는다. 책이나 이론보다는 현장이나 실행이 훨씬 중요하다.

준비단계

1. '나는 어떤 사람인가?'를 명확하게 정의할 수 있는가?
2. '왜' 나만의 브랜드, 사업을 시작하고자 하는가?
3. 내 브랜드가 누구에게 가장 사랑받기를 원하는가?
4. 타깃의 입장에서 그들을 명확히 이해하고 있는가?
5. 내 브랜드가 시장에 전달할 기능적 혜택이 명확한가? 나의 브랜드에 대해 고객이 어떤 감정을 느끼기 원하는지 쉽고 구체적으로 표현할 수 있는가?

실행단계

6. 브랜드의 성장은 사업의 성장과 함께라는 것을 이해하는가?
7. 함께하는 구성원들이 같은 곳을 바라보며 뛰고 있는가?
8. 자신의 브랜드를 시각적, 언어적으로 꾸준히 고객에게 커뮤니케이션하려고 노력하는가?
9. 어느 정도의 자본으로 얼마나 버틸 수 있는지에 대한 계획이 있는가?
10. 꿈은 크게 가지되 실행은 최대한 현실적으로 구체화하고 있는가?

자신이 어떠한 상황인지, 자신의 브랜드가 얼마나 준비되어 있는지 확인했는가? 10개의 체크리스트가 모든 것을 확실하게 보장해주지는 않겠지만 새로운 사업을 시작하는 창업가에게, 새로운 브랜드를 준비하는 창업가에게 차근차근 챙겨볼 만한 가이드로 유용할 것이다. 어쩌면 체크리스트 하나하나를 점검하고 고민하고 준비하는 것이 창업가 브랜딩의 시작이라 할 수 있다.

이제 나만의 브랜드를 시작하자.

창업이나 프로젝트를 준비하는 동안 사업에 대해, 제품에 대해, 고객에 대해 고민하고 검증하며 얻어진 자기다움을 바탕으로 아주 작게 시작하자. 결코 누군가에게 맡기지 말고 직접 하자. '이게 브랜딩 맞아?'라고 느껴질 만큼 일상적인 시도부터 시작하자. 다른 사람들을 신경 쓸 필요도, 경쟁 제품을 의식할 필요도 없다. 브랜드는 누군가와 경쟁하는 것이 아니다. 남과 차별화되는 자기다움을 발견하고 그것을 하루하루 지겨울 정도로 꾸준하게 키우는 과정이 브랜딩이다. 차근차근 하나씩 만들어가다 보면 알게 될 것이다. 사업을 시작하는 것이 결국 브랜드를 시작하는 것이고, 사업을 키우는 것이 바로 브랜드를 키우는 것이라는 것을.

결국, 모든 것이 브랜딩이다.

아주 어릴 적 누군가 내 이름을 묻는 것이 싫었다. 거꾸로 해도 똑같은, 심지어 데칼코마니가 되는 이름은 놀림거리였고, 'ㅅ'자 발음을 잘하지 못했다. 그러다 점차 익숙해졌고 좋아지기까지 했다. 앞뒤가 똑같은 이름을 누구나 쉽게 기억했고, 이름에 담긴 '연결하다'와 '돕다'라는 의미 역시 삶의 지향점과 닮아 있었다. 이름에서 브랜딩의 핵심인 자기다움과 차별화를 생각했다.

언제부터 브랜드가 지겨워졌다. 브랜드에 대해 아는 척하는 것도, 브랜드 관점으로 해석하는 것 역시 왠지 공허했고 허세스럽다는 생각마저 들었다. 브랜드 무용론을 이야기하기도 했다. 브랜딩은 본질을 흐리고 예쁘게 '분칠'하는 것 같다는 누군가의 평가에 반박하지 않을 때가 있었다.

그럼에도 모든 문제의 원인과 해답의 시작은 브랜드로 귀결되었다. 감당하기 어려울 정도로 많은 정보가 쏟아지는 시대. 무엇을 어떻게 해야 할지 모르는 순간에 중요한 건 결국 '나'의 것이었다. 내 생각과 내 관점과 내 콘텐츠가 중요했다. 결국 브랜드였다.

책을 썼다. 브랜드에 대해 썼다. 북스톤이라는 출판사와 김은경이라는 기획자와 차상우라는 친구이자 공동저자가 없었으면 아무것도 없었을 것이다. 가족들과 Kate와 우리 딸이 없었으면 아무 의미도 없었을 것이다. 늘 그렇듯 모든 것들이 '덕분'이다. 늘 그렇듯 모든 것들이 고맙다.

#떨리는메일 #첫날해초섬 #순조로운시작 #절망스러운원고 #훌륭한저자좋은친구 #세젤바 #10명의선수들 #허탈한인터뷰 #세상모든저자에게존경 #맥주야구와인꽈배기 #빈차와동네한바퀴 #72초TV와워터멜론 #최고의팀 #소주만병만주소 #주류속의비주류 #서로안의자유 #우리딸 #GoodLuck

에필로그 _ 차상우

가을이 겨울로 넘어가는 오후, 파주에서 기업교육을 하고 돌아오는 꽉 막힌 강변북로에서 책 표지 디자인의 파이널 버전을 받아 보았다. 괜히 울컥해서 시큰해지는 눈가를 혼자 있는 차 안인데도 누가 볼까 싶어 손등으로 스윽 훔쳤다. 책 쓰기 작업과 함께한 나의 창업 첫 해가 롤러코스터처럼 빠르게 스쳐지나갔다.

창업 초기 초심자의 행운처럼 주어진 좋은 프로젝트와 이를 함께 수행했던 멤버들. 그 후 창업가로서 오롯이 짊어져야 했던 무게들로 힘들었던 기억. 아무리 목록을 정리하고 우선순위대로 지워가도 꼬리에 꼬리를 물고 생겨나는 일들. 오롯이 나의 선택으로 걷게 된 길이기에 힘들어도 누구 탓을 할 수 없어 태연한 척했지만, 속으로는 계속 땅을 파고 들어갔던 시간들. 하지만 가장 힘든 순간 신기하리만치 찾아오는 멋진 프로젝트와 그 결과물, 주변의 좋은 기회와 사람들 덕분에 '덕분입니다', '늘, 감사합니다'라는 마음을 갖게 된 시간이었다.

나에게 기꺼이 갈대 숲이 되어준 공동저자 승우 형과 초보 저자에게 '처음'의 기회를 주신 북스톤, 그리고 늘 고마운 김은경 실장님 덕분에, (브랜드와 사업전략가로의 전문성은 차치하고) 초보 창업가로 겪었던 하루하루가 이 책의 한 줄 한 줄에 담길 수 있었음에 무한한 감사를 드린다. 부디 이 책이 나만의 사업, 브랜드를 시작하는 모든 창업가들과 공감할 수 있는 매개체가 되기를 바란다.

마지막으로 울타리를 벗어나 창업을 결심하고 하루하루 버틸 수 있도록 지지해준 사랑하는 가족과 평생 베프와 아들에게 가슴속 깊은 고마움을 전한다.

창업가의 브랜딩
: 브랜드 전략이 곧 사업전략이다

2017년 12월 7일 초판 1쇄 발행
2024년 1월 2일 초판 11쇄 발행

지은이 우승우·차상우
펴낸이 김은경

주소 서울특별시 성동구 성수이로7길 30, 2층
대표전화 02-6463-7000
팩스 02-6499-1706
이메일 info@book-stone.co.kr
출판등록 2015년 1월 2일 제 2018-000078호

- 이 책은 저작권법에 따라 보호받는 저작물이므로 무단전재와 무단복제를 금지하며, 이 책 내용의 전부 또는 일부를 이용하려면 반드시 저작권자와 북스톤의 서면동의를 받아야 합니다.
- 이 책의 국립중앙도서관 출판예정도서목록(CIP)은 서지정보유통지원시스템 홈페이지(http://seoji.nl.go.kr)와 국가자료공동목록시스템(http://www.nl.go.kr/kolisnet)에서 이용하실 수 있습니다.(CIP제어번호: CIP2017030350)
- 책값은 뒤표지에 있습니다. 잘못된 책은 구입처에서 바꿔드립니다.

북스톤은 세상에 오래 남는 책을 만들고자 합니다. 이에 동참을 원하는 독자 여러분의 아이디어와 원고를 기다리고 있습니다. 책으로 엮기를 원하는 기획이나 원고가 있으신 분은 연락처와 함께 이메일 info@book-stone.co.kr로 보내주세요. 돌에 새기듯, 오래 남는 지혜를 전하는 데 힘쓰겠습니다.